山西传统村落
文化资源育人价值研究

高婧 / 著

山西出版传媒集团

北岳文艺出版社·太原

图书在版编目（CIP）数据

山西传统村落文化资源育人价值研究 / 高婧著．

太原 ：北岳文艺出版社，2025. 7. -- ISBN 978-7-5378-7132-7

Ⅰ．K292.5

中国国家版本馆 CIP 数据核字第 20251P3L95 号

SHANXI CHUANTONG CUNLUO WENHUA ZIYUAN YÜ REN JIAZHI YANJIU

山西传统村落文化资源育人价值研究

高婧 著

//

出品人 董利斌	出版发行：山西出版传媒集团·北岳文艺出版社
	地址：山西省太原市并州南路 57 号　邮编：030012
选题策划 谢放	电话：0351−5628696（发行部）　0351−5628688（总编室）
	传真：0351−5628680
	印刷装订：山西万佳印业有限公司
责任编辑 谢放	
	成品尺寸：148 mm×210mm
装帧设计 谢放	字数：125 千字　印张：5.625
	版次：2025 年 7 月第 1 版
	印次：2025 年 7 月山西第 1 次印刷
印装监制 郭勇	书号：ISBN 978-7-5378-7132-7
	定价：48.00 元

目　录

导　论

翻阅厚重的中国历史，我们看到，山西犹如一颗明珠，璀璨夺目、熠熠生辉。从黄河岸边西侯度人燃起的第一把火到"桐叶封弟"晋国称霸，从"表里河山"到民族交融、文化碰撞，从坚韧质朴、重诺守信的民风到晋商崛起的"汇通天下"，三晋大地承载了五千年的中华文明史，这里是民族文化的重要发祥地之一，也是华夏文明总根系中的重要"直根"。

传统村落是中华文明的载体，是历史变迁的缩影，是先民生活的依托，也是物质文化遗产的瑰宝。位于晋东南、晋中、晋西北、晋南等地的传统村落是散落在三晋大地上的文物珍宝，这里留存着先民们的生活空间，烙印着先民们生产生活的痕迹，镌刻着农耕时代的历史记忆，闪耀着先人们的智慧光芒，承载着民族文化的优秀基因，见证了社会历史的发展变迁，是"天人合一"的范本，是人与自然和谐共生的实例，是研究中华优秀传统文化的"活化石"。

三晋大地，古韵悠长；秀美村落，传承千载。据相关部门统计，截至2023年，全国已有六批次共八千一百五十五个传统村落被列入国家级保护名录，山西现有六百一十九个传统村落，约占全国总量的百分之七点六。根据住房和城乡建设部及国家文物局评选统计，山西现有历史文化名镇十五个、名村九十六个，其中历史文化名村数量居全国首位。

本书以对山西传统村落文化资源的理论溯源为切入点，通过深入分析山西传统村落的地理、社会、文化空间形态，静态探究传统村落文化资源的丰富内涵，动态审视传统村落文化的传承现状，全面剖析传统村落文化的价值生成肌理，深入研究"天人合一""守礼求仁""明德向善""重信守诺""俭以养廉""舍生取义""家国情怀"等价值观的活化利用。同时，着重阐述儒道释交融的文化体系，着力展现活态传承的文化遗产属性，集中彰显时代伟力的红色精神谱系，进而从理论层面明晰传统村落文化资源传承发展、创新利用的路径，并提出以家庭、学校、社会为切入点，系统构建山西传统村落文化资源育人功能的实践路径。

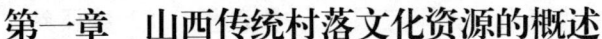

第一章　山西传统村落文化资源的概述

山西是华夏文明的重要发祥地之一，拥有悠久厚重的历史积淀和博大精深的人文底蕴，留存着丰富多样的文物遗产、文化瑰宝。相关资料显示，山西现有六百一九个传统村落，是我国北方地区传统村落数量最多的省份。这些村落独特的选址布局、营造理念、聚落形态、文化景观，映射着人类生存繁衍的历史进程，真实地再现了农耕文明时代的社会生活场景，积淀着中华优秀传统文化，具有很高的历史人文价值。

一、村落、传统村落与传统村落文化

村落作为人类最早的聚落形态之一，是自然环境与社会文化相互作用的产物，其内涵不仅涵盖物质空间的构建，更承载着人类生产生活的意义。关于"聚落"的起源，《汉书·沟洫志》记载："或久无害，稍筑室宅，遂成聚落。"村民作为主要创造者，在建构聚落空间时以趋利避害为首要原则，综合考虑地理空间、社会空间、精神空间等多重因素，彰显了"就地取材、因地制宜"的生态智慧。应该说，村落的营建智慧源自中国传统的"天人之和"理念，"临水傍山、负阴抱阳、向阳避湿"的选址原则，既是对周边环境的选择，又是对宇宙空间、生态资源与主体诉求的整合。后沟村就是按"玄武垂头、朱雀翔舞"理念布局，村口古槐意指"青龙锁水"，村尾土丘象征"玄武镇山"。《三国志》中记述："入魏郡界，村落齐整如一，民得财足用饶。"唐代张守节《史记正义》记有："万二千五百家为乡。聚犹村落之类也。"由此可以看出，"村落"一词古已有之，常常用来指人们聚集居住、生活、劳作的场所。村落保留着农耕时代先民们生产、生活的历史信息。从物质形态来讲，村落选址、街巷布局、民居形态、院落结构、营造技术、门扇匾额，处处烙印着社会历史变迁的痕迹；从精神内涵上讲，家规家训、庙宇祭祀、民俗民风、饮食习俗等文化遗产集中体现着中华优秀传统文化的精髓。从空间方位来讲，村落具有相对固定的地域边界；从空间形态来看，村落是社会关系的物质投射。先民们依山起窑、平地建房，一座座房屋形态暗含着他们对自然的敬畏与调适，一处处砖雕、影壁寄托着他们对隐逸之志的向往，一个个营造细节诉说着他们对美好生活的追求。

村落是农耕社会的产物，体现为一种聚落类型。2012年4月，住房和城乡建设部、文化部、国家文物局、财政部联合发出《关于开展传统村落调查的通知》，第一次明确提出"传统村落"的概念。纵向来看，传统村落形成的年代比较久远；横向来看，即使穿越千年，这些传统村落的聚落形态、房屋格局、营造技艺等方面都能较完整地反映出历史文化传承、社会经济发展、生产生活变化，具有较高的历史文化、科学艺术、经济效益价值。天津大学蒲娇教授认为："古，是一个时间的维度；传统，则蕴含的内容更为丰富更有价值。"综合而言，传统村落是指具有重要历史、文化、科学、艺术、社会和生态价值的地域单元，是中华民族的"根"和"魂"。若从时间上界定村落的形成时期，学界一般认为，传统村落大多是在明清之前就形成，它们是在地域环境、空间规划、民居形态、乡风习俗等方面都相对稳定的物质文化遗产。传统村落的组织方式是一个或几个血缘群体，传统村落的生命之"源"是民族文化。传统村落的现实挑战是结构失衡、人员匮乏、文化断裂，传统村落的发展方向是加强保护、协调发展、挖掘资源、重塑精神。传统村落是社会历史的"细胞"，是思想传承的"宝库"，也是文化殿堂的"明珠"，传承着丰富的历史人文信息，具有重要的现实意义和独特的育人价值。

早在2005年，山西省就开始对传统村落进行系统普查，先后编辑出版《山西古村镇》《山西传统村落图集》以及"山西古村镇系列丛书"等。2017年12月1日，山西省颁布实施《山西省历史文化名城名镇名村保护条例》。2022年3月1日，山西省颁布实施《山西省传统村落保护条例》，这是国内首部出台的传统村落保护地方性法规。山西由此成为北方地区第一个对历史文化名城名镇名村和传统村落同时进行立法保护的省份，这也为山西省传统村落的规划、保护、发展提供了坚实的法律保障。据山西省住建厅相关资料显示，目前山西省建立了"六百一十九个中国传统村落+一千七百三十六个登记建档村落+三千五百个摸底村落"的全方位保护体系，开展了传统村落集中连片保护利用五年行动（2021—2025年），省级财政对传统村落集中连片保护利用投入三点一亿元，形成"一个国家示范市+五个国家示范县+十四个省级试点县"的示范路径。

传统村落文化，是指传统村落先民在长期社会生产生活中创造并积淀而成的复合文化体系，涵盖先人们在社会生产生活中所创造形成的一切文化形态，既包含青砖黛瓦、飞檐翘角的物质载体，也涵盖口耳相传、代际绵延的精神内核；既包含有形的村落选址、民居营造、巷道布局、建筑装饰，又包含无形的方言故事、民俗民风、家风族规、宗教信仰、吉庆礼仪、手工技艺。传统村落文化是农耕文明基层社会的真实缩影，这里留存着过去的"历史"，折射着民族的"未来"，隐藏着文化的"密码"，彰显着传承的"路径"，而这一切又共同反映着特定区域里居民的生活变迁和精神凝结。

透过岁月斑驳的痕迹，我们看到那些纵横交错的深宅古巷、风雨侵蚀的照壁雕刻、古朴雅致的花纹样式——它们已成为中华优秀传统文化最鲜明的载体。传统村落的宗族制度、乡规民约、家规家训支撑和维系着传统社会的秩序，传统村落的节庆祭祀、家族庆典、族谱编撰等活动，是对家族记忆和文化认同的书写和表达。时至今日，传统村落那些独特的民俗风情、鲜明的地域特色、深厚的文化底蕴、持久的道德记忆、丰富的育人资源仍在广泛而深远地影响着生活在其中的人们。

作为农耕文明的基因库，传统村落承载着中华民族最深层的文化密码。黄河岸边的耕读传统孕育出"朝为田舍郎，暮登天子堂"的科举传奇，古虞大地的楹联文化将"孝悌忠信"化作门楣上的无声教化。当前，面对城市化进程中乡土文化的消解，传统村落为现代人提供了反思的镜像。镶嵌在悬崖峭壁上的悬空古村，"依附栈道，卧山而居；东西开敞，错落其中"，不仅体现出先民们有着一种诗意栖居的精神向往，更展示出他们有着天人合一的生态智慧。王家大院的深宅，铭刻着晋商信义与家国情怀的共生之道。在乡村振兴战略背景下，这些文化基因正转化为创新动能。碛口古镇的"窑洞活化"实践让黄河民居焕发生机，晋中后沟村将旱作农耕融入生态旅游，印证了三晋文脉完全能在创新性发展中为古建保护、产业升级、乡村振兴提供持久精神滋养。

当前，传统村落文化正经历着一场深刻的范式转型，即从博物馆式的标本封存转向动态鲜活的文脉延续。在碛口古镇，数字信息化技术将明清窑洞群的营造技艺编码成三维模型，老石匠握着激光测绘仪与祖传墨斗，让《营造法式》的智慧与BIM（建筑信息模型）系统展开跨时空对话。当平遥推光漆器纹样成为国潮服饰设计元素，当晋商票号密押演变为区块链信用协议，传统村落文化已从凝固的历史片段升华为独具特色的"文明符号"。这种跨越时空的文化传播，不是简单的复古怀旧，而是让祠堂里的家风训诫与国民教育中的诚信体系对话，使夯土墙的营造智慧与绿色建筑标准共鸣。这正如平遥古城将晋商票号文化与世界文化遗产身份相熔铸，让三晋大地的厚重历史在全球文明对话中绽放新的光华。

传统村落文化的当代价值，恰似黄土高原上的深壑长河，既承载着历史沉淀的厚重基因，又激荡着时代创新的澎湃浪潮。

当"万里茶道"的驼铃记忆被"一带一路"倡议重新唤醒，当碛口古渡口昔日商贾云集的货栈化身为乡村振兴创客基地，当平遥推光漆器的牡丹纹样成为APEC国礼上的东方美学标识，当祁县乔家大院的砖雕艺术启发米兰设计周的空间叙事，这种价值已超越勾起游子乡愁的浅层符号，而构建起民族文化认同的深层坐标体系——传统村落文化已从地域性遗产升华为世界性语言，成为讲好中国故事的助推器。传统村落文化精髓为现代社会治理提供了传统智慧方案。介休张壁村（又名张壁古堡）将星象防御体系转化为社区安防模型，地道的古代军事智慧与智能监控系统形成"古今联防"；沁河沿岸传统村落用"四水归堂"的天井系统启迪海绵城市建设。这些穿越千年的生存智慧，正在城乡融合发展的实践中焕发新生。作为中华文明的精神家园，传统村落不仅是农耕文明的记忆，更是面向未来的创新源泉。临县李家山村的写生经济带火"土味美学"；新绛光村将唐代绛州鼓乐融入数字藏品开发，让非物质文化遗产在元宇宙中敲响时代强音。这种创造性转化，证明传统村落文化完全能够超越静态保护的表层逻辑，在挖掘文化基因密码、重塑文化产业链条、构建生态文明体系的基础上，成为真正推进中国式现代化进程的文化压舱石与文明导航仪。

二、山西传统村落的历史演变及其价值

山西地处北温带，属温带大陆性季风气候，四季分明，无霜期短，昼夜温差大，春季温暖湿润、夏季炎热多雨、秋季凉

爽少雨、冬季寒冷干燥。适宜的气候、独特的地形、充沛的水源、优美的环境，使山西成为先人们择居而聚的首选之地。下川遗址、西侯度遗址、丁村遗址表明，早在旧石器时代，人类就在这里繁衍生息——山西已然是石器时代的文化中心。1978年陶寺遗址的发掘，更是为我们打开一扇"最初中国"的大门。雄极一时的陶寺文明是目前所发现的黄河流域进入文明社会的最早实证，也是中华文明多元一体的主要标识和重要源泉。表里山河、沃野千里、华夏直根，这些描述山西的词语，在历史的长卷中熠熠生辉。山西高平是炎帝故里，黄帝、蚩尤曾在河东大地活动，阪泉之战据说发生在山西运城盐湖。传说，黄帝平定天下后曾在山西万荣后土祠扫地为坛，祭祀后土地母，而史前三大伟人尧、舜、禹也都曾在山西境内建都。应该说，史前很长一段时间，山西都是华北地区政治经济文化的中心。清代历史地理学家顾祖禹在《读史方舆纪要》一书中写道："山西之形式，最为完固。……其东则太行为之屏障，其西则大河为之襟带。于北则大漠、阴山为之外蔽，而勾注、雁门为之内险。于南则首阳、底柱、析城、王屋诸山，滨河而错峙，又南则孟津、潼关皆吾门户也。汾、浍萦流于右，漳、沁包络于左……是故天下之形式，必有取于山西也。"独特的地理位置，让山西成为进可攻、退可守的战略要地。历史上，山西曾被誉为"天下之襟要""京师之屏障""神京右臂"等。自古以来，山西就是兵家必争之地，也是中原文化和少数民族文化、农耕文化与草原文化交流、碰撞的重要地域。现如今，虽然战争的硝烟已然退去，但气势恢宏的防御型传统村落依旧在诉说着曾经的沧桑。

山西自然地域特色鲜明，历史底蕴更为深远厚重。从"桐叶封弟""启以夏政，疆以戎索"开始，到"曲沃代翼""武献拓疆"，到晋文公励精图治、称霸诸侯，再到晋景公断道会盟，使国力达到鼎盛，晋国六百多年的辉煌历程，谱写出了中华民族史上的重要篇章。战国时期，韩、赵、魏三家分晋，与秦、楚、齐、燕并称为战国七雄。秦始皇统一全国以后，在山西设太原、上党、河东、雁门、代郡（跨省郡）五郡。南北朝时期，许多少数民族在此活动，甚至一度"胡多于民"。北魏曾定都平城（今山西大同），北齐也曾将晋阳（今山西太原）定为"别都"。隋唐时期，太原成为黄河流域仅次于长安和洛阳的第三大城市。五代时期，后唐、后晋、后汉、北汉都是从山西起家。辽宋金元时期，地处两大政权接壤地带的山西，经济、文化都比邻近地区发达，人口稠密，城镇、村落发展迅速。明清时期，山西作为战略要地和通商要道，人口集聚，这促进了经济繁荣，晋商开始崛起。受安土重迁思想的影响，那些巨商大贾在发达之后就花费巨资在故乡修建宅院，山西大量的传统村落正是在这一时期形成的。

村落作为社会聚落的基本单元，是民族精神的重要命脉，也是中华文明的最初支点。目前，关于传统村落的概念仍存在分歧。概括而言，传统村落即指村落选址讲究，历史悠久，民居建筑保留有原来的形态，历史文脉传承没有中断，民俗文化具有鲜明特征的村落。总体而言，山西传统村落主要分布在黄河、汾河、沁河和雁门关周边地区。由于受地理

环境、社会政治、经济状况、历史文化等因素的制约，每个传统村落规划布局不同、房屋营造不同、风俗习惯不同，姿态万千、各具特色，但它们都具有地域性、集聚性、传承性的共同点。它们有的是古战场、重要关隘发展来的防御型村落，有的是依山势而建、与自然和谐共处的自然型村落，有的是因边贸往来、商贾集散形成的商贸聚集村落，有的是由于重要历史人物、历史事件形成的文化型村落。作为传统文化的"活化石"，传统村落具有独特的历史人文价值和科学研究价值。

走进传统村落，一座座老宅古屋、一个个文物古迹，还有那些历经风雨的古堡、断壁残垣的院墙、低矮破旧的庙宇、锈迹斑斑的牌匾等，犹如一幅生动的历史画卷展现在人们面前，让人能够真切地感知先人们生产生活、社会交往、民风习俗以及思想观念等方面的情况。这些真实的文化遗存是民间文化形成和发展的动力源泉，具有重要的历史人文价值。以山为血脉，以草木为毛发，以烟云为神采，以河川为经络——一个个传统村落选址奇巧、环境优美、意境奇特，体现着天人合一的生态思想。古人在这里聚集、营造，从这里可以窥见古代的地域文化和古人的审美情趣、价值取向。山西传统村落的文化形态，可以看作是以儒家传统思想为宗的家族文化——仁义忠孝思想被内化为传统村落里严格的家规、家训，这对当代青年有着重要的鞭策、教育作用。另外，中原文化与游牧文化的交流、碰撞也激发了传统村落文化的创新发展。从传统村落文化中，可以窥见乡约的道德教化、儒家理想人格的内涵、佛教对宇宙与人生的洞察与反省、道家崇尚自然和无为而治的人生哲学，这些都对中华文化发展产生了深远的影响。

三、山西传统村落文化的类型特征

山西地处内陆，周边遍布高山大河，省内多山地丘陵。西濒滚滚黄河水，与陕西隔河相望；东依巍巍太行山，与河北相邻；南临滔滔黄河水，与河南相望；北靠雄伟长城，与内蒙古接壤。山西处于群山和黄河的庇护之下。山西地势东北高、西南低，"表里河山，四塞之区"，被誉为"华北屋脊"。山西作为中华文明的发祥地之一，流传着许多创世神话，女娲造人、伏羲画八卦、神农尝百草、后羿射日除害、大禹治水造福后人等，浪漫的神话故事早已成为民族的记忆、文明的缩影，更是弘扬伟大中华精神向心力和凝聚力的话语符号。

先民在三晋大地繁衍生息，文化在这里赓续繁荣。需要注意的是，山西作为战略要地，是最早的边关经贸区、文化融汇区。早在春秋时期，晋国就和周边少数民族交往密切，双方或战，或盟，或联姻。传说晋文公就曾娶夷狄之女。战国时期，赵武灵王以胡服骑射雄霸中原；两汉时期，汉族与匈奴有战有和，山西成为民族交融的重要地域。南北朝时期，政权更迭、战争频仍，三晋大地出现了第一次民族大融合；五代时期，先后有三个王朝以山西为战略要地，这里出现第二次民族大融合；辽宋金元，战争不断，晋西北成为抗击外族的前沿阵地，这里又出现了第三次民族大融合。明清时期，晋商的贸易网络遍布全国，促进了三晋文化的繁荣发展。

关于文化的一致性，泰勒指出，其中的决定因素有两个：一是人的本性的普通相似性，二是生活环境的普遍相似性。受农耕文化和地理环境的影响，山西拥有众多传统村落，这些传统村落文化关联性强、地域特征鲜明。依区域文化特征，我们可以将这些传统村落划分为：一、晋西北黄河、黄土文化片区，其主要以吕梁碛口古镇为中心，以河运商贸流通、集散为依托，西湾村、李家山为其典型代表；二是边塞、边关文化片区，其主要以内长城、外长城周边古村、古堡、关隘为矩阵，以农耕文化、游牧文化交融为特征，得胜堡村、娘子关村为其典型代表；三是晋东南院落、民俗文化片区，以沁河流域为中心，以儒释道多元文化融合为特点，以冶炼工艺、传统技艺为支撑，皇城村、大周村为其典型代表；四是晋商伦理、信义文化片区，以平遥古城为中心，以晋商经济、商道繁荣为支撑，张壁古堡、车辋村为其典型代表。

一、晋西北黄河、黄土文化片区。以黄河岸边的临县碛口古镇辐射带动起来的周边村落有西湾村、李家山、白家山、孙家沟、小塔则等。其中，西湾村早在2005年就被评为首批"中国历史文化名村"。"中国历史文化名镇"——碛口，早在2005年就被列入世界文化遗产基金会公布的"2006年世界百大濒危文化遗址"。碛口，位于吕梁临县最南端，西濒黄河，清乾隆年间开始兴盛，发展为繁华的水旱码头，曾被誉为晋商的"西大门"。20世纪中叶，随着公路铁路交通的发展，河运逐渐萧条，碛口闭塞，繁华不再。碛口古村镇群的建筑大都是顺着山坡修建，院院相套、上下相通，处处体现着天、地、人和谐共生的宇宙观、社会观、道德观。碛口古村镇群承载着厚重的历史文化资源，有着独特的风土人情，虽然在时代浪潮的席卷下走向萧条，落寞了半个多世纪，但其所承载的文化至今依旧闪耀着智慧的光芒。其乡风民俗具有浓郁的地域特征，蕴含着中华优秀传统文化元素，至今仍影响着当地人的价值取向、思维方式和现实追求。碛口传统村落的文化中既体现了天人合一的思想，也体现了和衷共济的晋商文化、恢宏壮阔的"两黄文化"和鲜活生动的红色文化。在中国式现代化视域下来看，这些丰富内涵为我们实现文化资源育人提供了重要启示。

二、边塞、边关文化片区。以边塞、要塞、古堡为独特地理特征形成的防御性传统村落有：右卫镇、得胜堡村、落阵营、新平堡、雁门关、娘子关村等。千百年来，山西北部地区独特的地理位置衍生出大量边关要塞传统村落。这些村落最开始只是军堡，因屯驻重兵而形成防御性聚落。战争推动了边塞地区传统村落的形成、发展。比如清朝时，朝廷对边关少数民族采用怀柔政策，战争的硝烟逐渐退去，古老的军事重镇逐渐向民居村堡转化，商业的繁荣、经贸的发展促进了传统村落物质文化和民俗文化的繁荣。右卫镇、得胜堡村等堡寨，地处内外长城交界地带，逐渐发展为边境商贸往来的要邑。这里作为民族融合荟萃、文明交流互鉴的重要窗口，孕育出多元、开放、兼容的地域文化。北方少数民族游牧文化与中原华夏民族农耕文化交流借鉴、交相辉映，衍生出丰富多彩的文化资源。

这里的人们生性豪爽直率，情感高亢激越，文化质朴鄙野，思想碰撞交融，信仰三教合流，呈现出山西北方典型的地域文化特色。概括言之，这里的老百姓既有对报国安边战争英雄的崇拜之情，又有对持久和平的心理渴求；既有对名将英烈生不逢时的嗟叹，又有对民族情怀价值标本的认同；既有对生态景观遗产的审思，又有对文化基因传承的研究。或可这样说，守护好传统村落文化遗产，可以增强我们的自信根基，培育家国情怀。

三、晋东南院落、民俗文化片区。以沁河流域为中心——其周边丰富的矿产资源、成熟的农业技术带来了集市和商贩的集聚——形成了山水相依、环境优美的窦庄村、郭壁古村、润城村、湘峪古村等传统村落。相比较而言，沁河流域传统村落的文化底蕴更为深厚。追溯至上古，有"舜耕历山"的传说故事。《沁水县志》记载：周文王第十六子原封于此地。可见，蜿蜒秀美的沁河早在史前就有先民繁衍生息，悠久灿烂的农耕文化为这一地域的繁荣奠定了根基。明清时期，丰富的矿产资源和先进的冶炼技艺使当地涌现出了一大批富商巨贾。丰裕的物质生活促进了精神生活的富足，沁河流域地杰人灵、文脉鼎盛，涌现出一大批文人雅士、高官达人。仅明清时期，沁水县就出了四十三位进士，如窦庄村张五典（明万历进士）、湘峪村孙居相（明万历进士，曾官至户部侍郎）、皇城村陈廷敬（清康熙皇帝老师、文渊阁大学士）。应该说，沁河流域民风淳朴、人才辈出的一个重要原因就是儒家家训文化的普及。岁月更迭、繁华褪尽，现今的村落早已没有往昔的兴盛，但村内连片成群的民居建筑、古朴厚重的街巷店铺、楼阁林立的庙宇殿堂依旧在诉说着曾经的盛况。走进古村，可以看到大量"耕读传家"的匾额；翻阅大家族的家谱家训，可以看出，无论是窦庄村窦氏、张氏，还是郭壁村的王氏、韩氏，又或是湘峪村的孙氏、皇城村的陈氏，均家教甚严、家风优良，始终把"修身齐家治国平天下"作为人生愿景。

四、晋商伦理、信义文化片区。以传统村落分布数量来看，晋中地区传统村落数量仅次于晋东南地区，现存较为完整的传统村落有一百九十三处，占山西省总体数量的百分之三十多。这些传统村落是地域历史、文化传承的"活化石"，也是晋商的成长摇篮和精神家园。受黄土高原地形地貌因素的影响，晋中地区多山地、少平川，村落主要集中在平原地带和水源丰沛地区，如平遥县段村、榆次区后沟村、介休市旧堡村、太谷县北郭村、灵石县夏门村等。许多村落的经济形态由来已久。山西商业资本源远流长。相传早在春秋时期晋文公就推行"轻关易道"的惠商政策，成就了"商圣"计然和大贾猗顿；战国初年，商界鼻祖段干木在段村指导先民经商；明清时期，晋商持续发展，最辉煌时晋商足迹东起天津、西抵莫斯科、南到武夷山、北至西伯利亚。凭借着"开拓"精神和"信义"观，晋商以传统儒家"仁、义、礼、智、信"为人生信条，把"汇通天下""货通天下"作为人生愿景，一步步将"廉商诚贾"经商理念发扬光大，熔铸为厚重的晋商文化与家国情怀。在物欲蔓延的当下，传统村落里鲜活生动、可触可感的晋商遗风遗址文化资源丰富、内涵深刻，以义制利、勤俭持家、同舟共济、心怀天下的晋商精神，在陶冶情操、净化心灵，培养学生诚信意识、拼搏意识、团队意识方面具有强大的功效。

第二章　山西传统村落文化资源的空间形态

　　从2003年起，住房和城乡建设部、国家文物局先后经过七批次共评选出四百八十七个全国历史文化名村，其中山西有九十六个，位居全国第一。山西传统村落文化资源的空间形态是中国传统农耕文明与地域环境深度交融的产物，其独特的空间布局不仅反映了其对自然地理的适应性，更承载着社会结构、精神信仰与生存智慧的多重文化意蕴。山西地处黄土高原东缘，沟壑纵横、干旱少雨，传统村落的营建遵循了"因势利导、立体营建"的空间策略。汾河谷地、沁河流域的古村多沿河岸呈阶梯状分布，太行山区的村落常嵌于山腰台地且背靠山崖。黄土高原的传统村落将居住区与梯田系统垂直整合，展现出"藏风聚气、涵水固土"的生态智慧。就聚落结构而言，传统村落的空间形态深刻交织着生态适应性、社会秩序性、精神象征性三重维度，在"聚族而居、分而不裂"的宗族伦理规训下，形成"礼御共生"的独特文化基因。族人们以礼制为纲、以御守为旨，修建明堡、暗道等立体工事，将宗族凝聚力转化为物理防御力；同时，将精神信仰融入日常空间，赋予可视可感的建筑符号以深刻寓意，构建出"人神共居、物我同构"的空间肌理。通过空间维度的交融互渗，传统村落不仅是村民遮风避雨的物理场所，也成为天地人共筑的文明史诗——以窑洞的拱顶丈量生态智慧的广度，用宗祠的轴线书写社会史诗的经纬，借飞檐的脊兽铭刻精神信仰的高度，将生态智慧、社会史诗、精神信仰凝结为一艘摆渡华夏文明的"记忆方舟"。

一、山西传统村落的地理空间分布

山西处中纬度地带，属于典型的温带大陆性季风气候，四季分明：春季温差大，风沙多；夏季炎热，雨量较多；秋季温和，比较短暂；冬天寒冷，气候干燥。由于大部分地表被黄土覆盖，山西形成了高低起伏、沟谷丛生的黄土丘陵地貌。早在新石器时期，山西就有古人类凿洞营造居所。黄河流域水流充沛、河谷众多，自古以来就是人口稠密之地。晋中、晋东南地区传统村落最为密集，究其原因，主要是东有太行山这道天然屏障，西有纵贯南北的吕梁山脉，其中有众多黄河支流，层峦叠翠之间形成一个相对封闭的场地。偏僻的地域、独立的场所、稳定的聚居形态，加之较少受到外界的侵扰，这都有助于传统村落的完好保存。

中国历史文化名村是由住房和城乡建设部、国家文物局共同组织评选的，所选皆是能够较完整地反映一定时期风俗文化、建筑风貌、地域特色等的传统村落。从2003年第一批到2018年第七批，山西分别入选一个（临县碛口镇西湾村）、三个（阳城县北留镇皇城村、介休市龙凤镇张壁村、沁水县土沃乡西文兴村）、四个（平遥县岳壁乡梁村、高平市原村乡良户村、阳城县北留镇郭峪村、阳泉市郊区义井镇小河村）、五个（汾西县僧念镇师家沟村、临县碛口镇李家山村、灵石县夏门镇夏门村、沁水县嘉峰镇窦庄村、阳城县润城镇上庄村）、十个（太原市晋源区晋源镇店头村、阳泉市义井镇大阳泉村、泽州县北义城镇西黄石村、高平市河西镇苏庄村、沁水县郑村镇湘峪村、宁武县涔山乡王化沟村、太谷县北洸镇北洸村、灵石县两渡镇冷泉村、万荣县高村乡阎景村、新绛县泽掌镇光村）、九个（襄汾县新城镇丁村、沁水县嘉峰镇郭壁村、高平市马村镇大周村、泽州县晋庙铺镇拦车村、泽州县南村镇冶底村、平顺县阳高乡奥治村、祁县贾令镇谷恋村、高平市寺庄镇伯方村、阳城县润城镇屯城村）、六十四个（大同市新荣区堡子湾乡得胜堡村、平定县娘子关镇上董寨村、沁源县王和镇古寨村、陵川县西河底镇积善村、翼城县西闫镇曹公村、临县三交镇孙家沟村等）。从空间分布来看，第一批入选的历史文化名村位于晋西北黄河与漱水河交汇处，第二批至第七批入选的历史文化名村主要集中在晋中、晋东南地区。比如，地处古上党地区的今山西省高平市原村乡的良户村。高平，古称长平。由于四面皆山、中有平地，高平自古为"秦晋唇齿，河朔咽喉"。远古时期，人类就在此繁衍生息，神农稼穑的传说故事就发生在这里。良户村，位于高平西部丘陵沟壑地区，三面环山、一面临水，地势西北高、东南低，很好地规避了冬季西北风的侵袭。虽然对于良户村始建于何时尚未有定论，但从村西头的唐槐来看，该村至少已有一千余年的历史。古代，东来西往的河东贩

盐商队经常路过良户村，促进了这里的人口集聚、商业昌盛和文化发展。

二、山西传统村落的社会空间分析

传统村落是一定空间区域内的文化景观，传统村落的形成、发展、繁荣、衰落与特定的社会历史、人文环境、地理生态密切关联。何依教授等在《山西古村镇区域类型与集群式保护策略》一文中提出，山西古村镇的分布与地理空间关系紧密，整体上呈现"聚盆沿边"的规律性，形成"四片+两线"的空间体系，即晋北地区长城沿线的军屯、晋中地区黄河流域的家堡、晋东南清化古道的商镇、晋南盆地的聚落，以及晋西黄河岸边的古村、晋东太行八陉的古村。也有学者认为，有"四塞之称"的山西，北隔长城、南临黄河、东靠太行山、西接吕梁山，境内多山地丘陵，山西的传统村落主要分布在"三河一关"地区——黄河、汾河、沁河，以及长城边关。明清时期，晋商依托于发达的农耕文明、独特的地理位置以及丰富的煤铁资源，迅速崛起，象征着晋商身份、地位和实力的家族大院的兴建赋予了传统村落更多的文化属性。概括言之，空间集聚度高、地域影响力强、历史延续性好是山西传统村落空间布局的典型特征。

晋北，处在黄土高原东北边缘，有盆地、丘陵、山地等地貌，地势复杂，东依太行、西接吕梁山脉、北接蒙古高原、南连忻宁盆地，是中原农耕文化与北方游牧文化的交错带，自古是兵家必争之地。作为"北方锁钥"之地，晋北古代就设立大量具有军事功能的卫、所、堡、寨、屯、营等防御据点和围合型院落。从战国、东魏、北齐、北周、隋到明清时期，长城沿线陆续形成五十二座军事堡寨。受地形所限，无论是民间贸易，还是战争行军，都绕不开杀虎口、得胜口、宁武关、雁门关、偏头关等关隘。这些关隘要塞因战争而形成最初的布局模式，历史地位极其重要。有"一口三堡"之称的得胜古堡，始建于明嘉靖十八年，是明长城大同镇的重要关隘。它既是边境重地，又为民间通市，堡内东面、西面和北面均建有厚重的城墙，南侧有城门，城门外建有瓮城。堡内"三大街"连接南北，"六小巷"贯通东西，主次有序、秩序井然、脉络清晰。其布局在战时能起到防御作用，平日又便于居民生产生活。堡中民居除少数为依城墙而建的变形四合院外，大多是三合院，如孙家院、许家院。堡内院落排列有序、墙体厚实，类似里坊制，建筑装饰古朴简洁，从中可看出老百姓对天地神灵的敬畏，对国泰民安的期许，对平安富贵的向往，对等级制度的看法。

自古以来，黄河流域就是民族聚集区、文化交汇区。秦汉时期，山西已成为中原华夏民族与北方游牧民族军事对抗、经济冲撞、思想交融的前沿阵地。汉代的和亲政策，一定程度上缓和了民族矛盾。魏晋时期，天下纷争不断。后唐、后晋、后汉等多个少数民族，以山西为根基建立政权。宋、金、元时期，山西民族融合升级，建筑艺术辉煌、戏剧样式繁多。家堡是传统村落的聚合方式，在特定时代和地域背景下产生，具有很强

的封闭性和围合性。比如，历经千年的张壁古堡，据记载，就是在晋室南渡、北方出现权力真空进而导致边防瓦解，各少数民族进入山西争夺政权的背景下，地方望族为求自保而修筑的防御型坞堡。黄河流域，山体众多、沟壑纵横，这类防御型家堡集军事、生产、生活功能于一体，选址于高地之上，周边峭壁崖石环绕。位于绵山北麓的张壁古堡就充分利用地势南高北低建堡，整座堡呈不规则方形，主街一条，形似龙脊；次街巷七条，连接院落、直抵堡内。以主街为界，西侧可以分成五级台地，东侧则可以分成四级台地，每个台地均为北高南低，这样可以获取较充足的日照。通过堡寨设施、街巷组团、院落围合，张壁古堡形成极具防御体系的堡寨。值得一提的是，完备的地道防御系统成为张壁古村延续千年的"秘籍"。

传说因禹王"打开灵石口，空出晋阳湖"而得名的夏门村，北靠吕梁山余脉秦王岭，南依太岳绵山，依山傍水、负阴抱阳，居高临下、视野开阔，前以峭壁为屏障，后以峻岭为依恃，下以汾水为天险，其营造布局时时处处体现着天人合一、家宅和合的思想。地处晋东南太行山深处的、沁河流域的西文兴村，历史非常悠久，柳氏家族世代聚居于此。早在2012年，西文兴村就被选为第一批中国传统村落。西文兴村地理位置绝佳，北有祖山鹿台，南有朝山历山，东有隔岭山，西有凤凰岭，整个村落地势为西北高、东南低，村落边界层次分明、形态多样。村东侧、东南侧边界处砌有一排上下两层的窑洞，上方另砌有寨墙。远远望去，外墙高耸光洁，起到防护墙的作用。寨门是村民往来的通道，走入寨门，才发现内部道路通达顺畅。村西北侧、南侧都有依自然条件而形成的天然边界。村内建筑布局集中，风格特征鲜明，分为外府区、内府区和中间区，每个区都有三座门，故有"九门九关"之称。村内的街巷分布呈脊肋式，丁字街、南北向为主街，牌坊街、东西向为次街，其间四合院落的宅门或是在纵街开启，或是在横街开启。街巷的转折、交汇处，多有村民聚会、休憩、举办庆典的重要场所。黄河流域物产丰富、土地肥沃、交通便利，据战国初年《国语·晋语》记载，春秋晋文公在位期间，"轻关易道，通商宽农"，晋商至此萌芽。明朝时期，"开中法"给了晋商兴起的契机。山西优越的地理位置是经济繁荣的便利条件之一，比如晋东南清化古道是连接山西、河南、陕西的重要商道，它见证了古代商贸和文化交流的繁荣。明朝中后期，商业兴起；清乾隆年间，山西晋商成立票号，晋商遂成为中国十大商帮之首。而西文兴柳氏家族的百余年辉煌史开启于明嘉靖年间。

　　太行山是山西的天然屏障，在从豫东南进入山西的必经之路上有一个古村——周村镇。在浩瀚的中国典籍中记载有许多经典的故事，"周处除三害"的故事就出自《晋书·周处传》和《世说新语》。相传晋朝时，长桥镇有一个叫周处的少年，横行乡里、作恶多端，人们将他同虎、蛟并称为当时"三害"。后来，周处击杀猛虎、智斗蛟龙，当他要为大家除去"第三害"时，才知"第三害"是自己。于是周处修身养性，最终得到了乡亲们的原谅。时至今日，京剧《除三害》仍在广大城乡上演。据相关史料记载，故事的主人公周处就是山西东南部的

周村镇人。周村，古已有之，民风淳朴，文化底蕴深厚。《泽州百科·周村镇》记载：周村镇历史悠久，历代为商贾云集之地，唐宋时期有"行山重镇"之称。周村最古老的建筑东岳庙，据推测建于宋神宗时期。周村镇旧称长桥镇，古镇依山势建于阳坡，沁水穿城而过，四周太行、王屋、析城诸山巘嶂列屏，清化一、二大道蜿蜒过镇。此地连通中原，地接河东，直抵秦陕，是古代晋、陕、豫、皖等地民间客流、货流的集散地。此地也是重要的交通枢纽，自古以来就是兵家必争之地，"萧银宗圪堆"据传就是辽宋征战时的遗址。明清时期，周村镇经济、文化空前繁荣，一时被誉为"行山重镇""丹水名区"。据《补修周村堡垣记》记载，鼎盛时期，这里的商业街上商贾云集、贸易昌隆、繁华兴盛，闻名四方。现如今，繁华退去，那一砖一瓦、一扇扇板门似都在诉说着过往。然而，周村人始终拥有那份守护故土家园的执着与坚定。周村人的家乡情结和身份认同，体现为对古镇的持续守护。远看整个村落，水环垣绕、城楼耸立，好似振翅欲飞的凤凰，所以人们又亲切地称其为"凤凰城"。从整个村落的布局来看，大街巷、小胡同，枝干分明、秩序井然，构成了"鱼骨形"布局；街巷两侧院落参差错落、灵活多变，与周边环境相融合，与地形地势相契合，负阴抱阳，显示出营建人追求天人合一的思想。

三、山西传统村落的文化空间解读

文化空间，又称文化场所，最早由法国城市社会学家亨利·列斐伏尔在《空间的生产》中提出。文化空间常常用来指代特定时空范围内具有一定文化意义和典型特征的场所，如文物遗址、传统聚落、庙宇祠堂等。1998年，联合国教科文组织明确指出"文化空间"是非物质文化遗产的核心类别之一。传统村落文化空间，是指传承历史传统、文化习俗、民俗活动的地域、场所或者聚居地，既包括自然环境、文物遗址、村落肌理、院落组合等物质文化要素，又涵盖院门文化、宗教信仰、地域习俗、节日庆典、价值观念等非物质文化要素。村民既是传统村落文化的创造者，又是坚定的守护者。传统村落文化空间作为传统文化的重要载体，承载着我国悠久的农耕文明的历史记忆，蕴含着深厚的人文底蕴，其中所凸显的向心力、凝聚力，可以加强村民之间的沟通交流，也可以帮助人们和谐共处。

值得注意的是，传统村落文化空间的一个重要场所是宗祠，而宗祠旁边常常建有戏台。举办各种节庆活动时，村民往往邀请戏班来唱戏；同时，大家会聚集到祠堂祭拜祖先。祠堂是家族的象征，是村民们的公共活动空间，也是举行宗族会议的场所，它经常建造在传统村落的中部地带，承担着推行宗教、行政、教育、文化以及娱乐的功能。比如，拥有三千多年历史的光村，众多庙宇遍布村内外，而赵家祠堂、薛家祠堂分别位于其宗族住宅的中心位置，这体现了家族伦理和社会秩序，有助于宗族内部的统一与凝聚。

文化空间既指经过岁月洗礼遗留下来的具有文化意义和教化功能的空间、场所或地点，同时也包括传统村落保留下来的一切有形的物质文化，如村落选址、街巷布局、房屋营造等特定的文化体系。客观来讲，天人合一的传统观念，不仅影响着宫廷建筑、达官府邸，同时也深深烙印在普通百姓心中。传统村落房屋营造既要与周边环境相适宜，敬畏土地、顺应地势，又要讲究"风水"——靠山面水，左青龙、右白虎、前朱雀、后玄武、藏风聚气、山环水抱，这样才能成为理想聚居地。泽州县石淙头村就处在这样的"风水宝地"上。石淙头村南为颇具"朱雀翔舞"之势的凤凰山，北靠"玄武低头"的龙王山，东接"青龙蜿蜒"的金鱼山，西是"白虎驯顺"的护山，因了绝佳的地理环境，千百年来村民不断营建，世代在这里繁衍生息。厚重的历史孕育出石淙头村独特的文化和民俗风情。在这里，婚丧嫁娶中总会有上党八音会乐队的助兴表演，武场的打击乐、文场的吹管弦乐，或高昂粗犷，或激烈奔放，或慷慨悲歌，演奏者文武并重，营造出巨大声势，渲染出浓重气氛，以此表达心愿、祈盼美好生活。每逢重要节日，石淙头村民最喜欢的表演是酣畅淋漓的八音会演奏。配上精彩纷呈的泽州秧歌，诙谐有趣的《小姑贤》展现了村民们朴素的道德观、价值观。每年的农历六月初六，石淙头村都会举行庙会，村民们叩首行礼，虔诚地祭拜龙王爷，为来年祈福消灾。

可以说，传统村落文化空间是不容忽视的重要文化载体，其聚落形态、民俗活动凝聚着厚重的历史文化精髓。事实上，在传统村落诸如此类的"文化空间"众多，而种类繁多的饮食文化、传统技艺等非物质文化遗产也内容丰富、影响久远，它们一起成为传统村落中独特的人文景观。一般来讲，传统村落最基本的构成单元是家庭或家族，"家风家训作为传统文化的重要组成部分，浓缩着优秀传统文化的思想精华，维系着中华民族千百年来的公序良俗、和谐稳定，涵育着中国人安身立命的价值取向，指引着道德培育教化的实践路径"[1]。传承传统村落文化，既是对古村文化空间的守护，又是对地域特色文化资源的整合。以血缘亲情、亲仁善邻为特征构建而成的传统村落和谐社会，反映出地域文化在村民中的高度认同和代际传承。但是，守护传统村落不仅仅是再现古村的"形"，更重要的是要传承古村文化的"魂"。村民是传统村落保护修缮的直接参与者和受益者，是村落文化的书写者和传承者。随着现代交通方式的变化，太行八陉已不再是晋冀豫之间往来的要道，中华三关"雁门关、宁武关、偏头关"早已消去战火硝烟，碛口古镇的商铺也已然落寞。在全面深化改革的进程中，城镇化的快速推进、现代化的急剧变革与乡村全面振兴还不够协调，青壮年大规模地离开乡村走向城市，空心化、空巢化导致传统村落呈现出荒废衰败迹象，残垣断壁、人烟稀少，传统村落的地域文化特色不再凸显，一些家规家训、民俗民风、非遗技艺，面临传承断裂，现出逐渐走向消亡的趋势。这也就是说，传统村落的文化空间呈现出衰弱趋势。在这种情况下，从更加宏观的视域观照传统村落的文化价值就显得尤为重要。我们要充分认识到文化是传统村落历史传承的"根"与"魂"，文化的失语、失序事关乡村全面振兴的大局。要全面认识中华传统文化的主

1　高婧：《论优秀传统家风家训的哲学意蕴和传承价值》，《晋阳学刊》2024 年第 6 期。

流文化价值追求是安身立命，而传统村落作为传统社会的历史印记，其文物资源特色鲜明、内涵深厚、形态多样。建设美丽乡村，活化传统文物资源，振兴文化产业，优化人文环境，发展文化产业是当前区域经济高质量发展的内在要求，我们可以依托传统村落深厚的文化底蕴和历史积淀发展文化产业。应该说，传统村落文化研究的重要意义不仅仅在于"活态"呈现，更是要延续传统村落的文化服务体系，激活乡愁记忆、恋乡情结的文化载体，重塑敦亲睦族、耕读传家的文明乡风，加速人力资源、发展成本的回归，进而丰富中华优秀传统文化的"基因库"。

第三章　山西传统村落文化资源的价值分析

传统村落是中华优秀传统文化的物质载体，也是中华民族团结奋斗的思想宝库和精神动力。传统村落的兴起、繁荣、衰落，揭示的是社会时代的变迁，反映的是民族文化的传承。从恢宏壮阔的视角剖析传统村落的兴衰史，有助于村民唤起集体记忆、认同民族文化、回归故土家园。山西，这片被太行、吕梁山脉拱卫的黄土高原区域，堪称中国农耕文明的基因库。作为全国历史文化名村数量最多、类型最全、保存最完整的省份，山西那一座座传统村落不是静止的"建筑博物馆"，而是层层叠压的文明切片。从新石器时代的聚落遗址到明清晋商堡寨，从宋元戏台壁画到抗战红色印记，不同历史时期的"文化地层"在此清晰可辨。无论是村落形态、街巷空间、院落形制、门窗装饰，还是传统工艺、民风民俗、祠堂祭祀都是"活化石""基因库"，是阐释中华文脉赓续发展的重要抓手。

一、传统村落文化资源的丰富内涵

"文化资源承载灿烂文明，传承历史文化，维系民族精神，保护文化资源是人类对自身所创造的文化价值认识的进步，也是每个民族维护文化独特性、迈向人类命运共同体的必然选择。"[1]近年来，保护传承文化资源越来越成为人们的共识，乡村振兴既要抓好活态文物保护，又要持续发展精神文化，由此更凸显了传统村落文化空间的建设对乡村全面振兴的重要意义。山西传统村落文化孕育了华夏文明、滋养了农耕文化，是中华优秀传统文化的重要根源，研究山西传统村落文化资源不仅关乎增强人们的文化自觉、文化自信，也有利于筑牢民族复兴的文化根基。

从文化生态上来讲，由于山西省四面环山，形成了一个相对封闭的空间，而独立的自然空间很容易造就相对保守的地域文化。但从地缘政治影响上看，三晋大地又毗邻封建政权的中心，其宗族观念、神明信仰、道德准则、营造程式、空间表达、民风民俗等方面既受到儒家思想的影响，又受到道家思想的浸染。如大周村，古时原为军事要地，也是四方往来的交通重镇，古村城门的设置按照方位与五行八卦形成对应，故而古城又被称为"八卦城"。具体来讲，村东、南、西、北四处城门与中央阁楼构成五行，分别对应五行中的木、火、金、水、土，东南、东北、西南、西北四个边角再加修四座城门与东、南、西、北城门共同组成八卦，四个边角的八卦城门规模和重要性低于五行城门。同时，城东的城门口内建关帝庙；北门外建城隍庙；西城门建阁门楼，上有祖师殿；南门有南城阁，设有观音阁；东北门内接三官庙；西北门外侧有大王庙；东南角

1　何淼、徐梦洁：《长江文化资源保护利用的基本维度与价值形态》，《南京社会科学》2023 年第 2 期。

门楼塑有神像；西南门楼外接古道。可以说，每一处城门都建有庙宇、楼阁，使得古村整体布局严谨、风格独特。

孔子曰："安上治民，莫善于礼。"以礼治为中心的人治，影响着古村基层治理伦理秩序，催生出具有地域特色的乡规民约，无论是聚落营造、道路布局、院门形态、檐廊雕刻、脊兽纹饰、匾额楹联等都反映出浓厚的封建宗庙礼制观念；但在民居营造、街巷格局设计上又都符合人们日常生活的要求，极具实用性特征。如石淙头古村的潘家大院建筑群，光村的赵氏、薛氏、蔺氏院落群，丁村古村的中院院落群。总体上说，山西传统村落民居营造主要采用传统合院式布局结构，建筑样式分为几进院或几跨院；所不同的是，山西境内地形复杂多样，山川起伏、河谷纵横、沟壑丛生，不同的地形地貌造就了千姿百态的民居院落。晋北、晋西北地区寒冷干燥，多是依山而建的窑洞式民居，院落比较方正，院内布局相对简单，整座院落依据山势落差错层建造，下层窑洞的屋顶常为上层窑洞院落的户外空间。晋中地区传统村落主要分布在汾河谷地，民居主要是深宅大院。晋东南地区山势陡峭，传统村落一般选址在山谷、河谷等狭长地带，建筑材料以土木、砖木为多。晋南为平川地区，夏季高温多雨，这里的院落布局比较紧密，院内空间多东西窄、南北长。这类房屋可有效避免西晒、抵御寒风。山西传统村落房屋营造常结合地域气候和生态资源条件综合考虑，因地制宜，因而差异较大，院落的大小、宽窄和选位考量均有所不同，墙体材料、檐廊高低、门窗大小以及工匠技法也不尽相同。

黑格尔认为：建筑是人精神的另外一种外貌。传统村落在承载地域特色的同时，也不可避免地受到特定历史时期人民的生态观、生活观、审美观等的影响。传统村落在择居选址、宅居建造中将天人合一、人与自然和谐相处的堪舆理念展现得淋漓尽致。古人认为，好的村庄选址是一个村庄繁荣兴盛、人丁旺盛的重要因素。房屋营造要与地理格局相合，空间布置必须遵照"尊卑、长幼、内外"的礼法制度，匾额楹联内容宜围绕儒家教化内容书写，房屋内外装饰宜采用寓意吉祥喜庆的动植物，这些都寄托着村民们对富足美好生活的祈盼。山西有很多古村、古镇在选址规划、房屋布局上严格依据堪舆理论。张壁古堡位于山西省介休，是一座历史悠久、格局完整、庙宇众多、文化底蕴深厚的防御性邬堡。2005年，张壁村被评为中国历史文化名村；2006年，成功入选"全国重点文物保护单位"。张壁古堡街巷系统分明，南北堡门处是庙宇群，龙脊街东侧院落小且朴素，西侧院落大且精致。张壁古堡有着独特的建筑布局以及保存完整的建筑构造，虽历经千年沧桑，却依旧散发着浓郁的历史文化气息，素有"中国星象第一村"之美称。这座古堡坐落在绵山北麓，是北方极具防御性功能的堡寨聚落典型代表。从古堡格局上来看，整座古堡南高北低，呈不规则的方形，三面临陡峭的黄河崖壁。古堡东边三口水井与心宿星团呼应，西边的八口水井与毕宿星团呼应，堡内六株槐树对应南斗六星，堡外七棵槐树对应北斗七星。时至今日，每年正月二十八，张壁古堡会在可罕庙举行祭星仪式。又如坐落于山西晋中市平遥县岳壁乡的梁村古村，该村落民居格局为"一街五堡"："一街"即古源街，"五堡"为东和堡、昌泰堡、南乾堡、西宁堡和天顺堡。古源街北侧广胜寺犹似凤头，五堡犹如凤凰的双翼及凤尾，故该村又被人称为"凤凰村"。晋中地区，民谚流传："先有源池梁村，后有平遥古城。"可见，梁村历史悠久。古村内的一百三十二座"日"字形和"目"字形院落，依旧在向人们述说着晋商曾经的辉煌。

以大院式民居与合院式民居为主的晋商大院的营造，深受中国传统堪舆观念影响，建筑整体布局通常以轴线为基准，由多进多套院纵横相接而成。建筑形制、体量以及高度等都有严格的等级划分，这与居住者身份尊卑关联。在传统民居中，大门是最为显眼的建筑营造景观。晋商大院都有宏大、雄伟的大门。门上往往装饰着精美繁复的砖雕、木雕等。大门通常要避开正房所在的中轴线，设置于院落的东南角——当地民俗称此为"抢阳"——意在阳光能更早照上门窗。而在八卦中，东南方位为"巽"，是吉位，起着空间隔离和维护的功用，能主导家族的兴旺与衰败。传统风水观念认为，大门朝向合理不但可以避免外来之煞气直冲天井，避免招煞惹灾散财，而且还可以给家族带来吉祥和好运，这一点与大院门口照壁的功用相似。另外，"巽"又有谦让、谦逊之意，这体现了晋商的礼仪之风。影壁一般建造在一进院门的正前方，意在进行遮挡，不让外人对院内事物一览无余。院内空间以矮墙分隔，保护隐私，但是会留有垂花门相互连通。院子中房间数量多为三间，即正房、厢房以及辅助性建筑，具有晋商风格的鲜明特点。晋商大院多为城堡式建筑，规模宏大、墙厚基宽、结构精巧，深受天人合一思想影响，木质结构随处可见，建筑结构追求人与自然和谐相处，房屋营造共性之中体现个性。院墙设计东高西低，对应封建男权主义；排水系统设计也比较讲究，寓意肥水不流外人田。晋商大院存有大量匾额、楹联，上写"澡身浴德""诗书传礼""仁周义溥"等，体现着"儒贾相同"的思想观念。堡寨式的各色宅院，均遵循左右对称、东高西低、上高下低的规制。砖雕、瓦雕、木雕取材广泛、寓意吉祥，如"喜鹊登梅""麒麟送子""八仙献寿"等，承继了传统的生态价值观，反映了地域文化、风俗民情。正是在自然、地理、社会、经济等众多因素的作用下，山西传统村落才在漫长的历史进程中渐渐形成独具特色的街巷布局、形态各异的民居院落，从而具有了极高的艺术文化和社会历史价值。

二、传统村落文化资源的传承现状

传统村落文化空间承载着我国传统农耕文明的文化遗产，蕴含着东方独特的审美价值，是全面实现乡村振兴的重要文化载体。但随着乡村经济社会、交通方式的变迁，以及城镇化的快速发展，传统村落居民要么外迁，要么老龄化严重，地域文化的传承面临着巨大困境。据不完全统计，山西目前濒危的传统村落大约有五百个，其余的传统村落也存在不同程度的破败。由于文物传承保护的理念不够新，文物修复人才又比较匮乏，因而山西在传统村落可持续发展方面做得不够好。据统计，山西省现存不可移动文物五万三千八百多处，位列全国第四。与文物数量众多、分布极广、品质较高相对应的是，保护任务极其繁重，各级政府、部门安全压力都比较大。在这种情况下，山西省基层文博单位专业人才严重不足、文物保护与利用队伍力量比较薄弱的问题就比较突出了。就文物专业人才培养情况来看，目前所涉及的普通高校仅有三所、高职院校有四所。人才链、产业链衔接不够紧密，导致传统村落文化资源的保护和可持续发展遭遇困境。

从文物保护模式来看，传统村落的保护模式有两种：一种是由政府主导，对价值突出、保护乏力的传统村落环境采取从修复到重建的静态保护；另一种是由政府主导、企业参股，对价值较大的传统村落采取开发与保护并举的动态保护。两种保护模式各有优势，在保护效果上也有不同之处。目前文物古迹资源、整体村落形态保存比较好的传统村落有临县西湾村、李家山村，沁水县窦庄村、湘峪村、郭峪村，阳城县上庄村，介休市张壁古堡，汾西县师家沟村，平遥梁村，榆次后沟村等村落。也有部分传统村落由于位置偏僻、交通不便，加之城镇化快速发展，"空心化"比较严重，历史古迹或人为损坏或自然坍塌，造成了不可逆转的毁坏。有学者指出，对于整个村落空间形态遗存保存较为完善、遗存价值较高的历史文化名村应采用静态保护模式，这样村子的空间形态、建筑肌理、街巷道路等都能完整地得到保护。这就有效地保留了村民的"乡土情结"和"精神家园"，是一种较为全面完善的保护模式。

也有学者认为，动态的可持续发展的保护模式相比于静态保护是一种"自组织式"保护模式，它更加关注传统村落文化能否得到很好的传承保护，同时强调人作为传承主体的重要性。该模式的优点是采取有效措施，对街巷、房屋等进行"点、线、面"的综合性保护，在保留村民原汁原味生活状态的同时，凸显对非物质文化遗产的传承发展。活态式保护模式不仅注重对古村街巷布局、空间风貌、装饰技艺等物质景观的保护，还要以村民为主体留住传统村落记忆、维护好传统村落村民生活的延续性，将村落的生产、生活、生态融合发展，以感恩先人、敬畏历史、传承文化之心，探索一条真正能够让传统村落"活"起来的新路。比如晋城市皇城村，拥有极具特色的城堡式建筑群，在保护过程中，他们依照村落整体格局，以大学士第门前街道为中轴线进行网格化的活态保护，充分调动村民参与保护的积极性、主动性。皇城村在时任村党总支书记张家胜的带领下，以煤炭立村，以旅游兴村。1998年，皇城村启动修复建设工程，修建新房，通过长退短补的方式让村民分期从老宅中搬出来。他们以保护促开发，以开发促发展，2003年成立了皇城相府集团，持续发展壮大旅游产业；至2007年，皇城相府就发展成AAAAA级旅游景区；近些年又打造《迎圣驾》《再回相府》等实景剧。其特色民宿、"农家乐"、农副土特产销售解决了近三千人的就业问题，每年旅游综合收益约达三亿元，村民们真正成为传统村落开发的保护者和受益者，这增强了村民对村落的价值认同感、自豪感。皇城村走出了一条古村焕发新韵的正向发展之路。

又比如介休市张壁古堡，它被学界誉为"中国北方传统村落的活化石"。古堡可汗庙内保存有一通明代孔雀蓝琉璃碑，这是我国现存最完整、体量最大的明代孔雀蓝琉璃碑。2009年，张壁古堡在"保护古堡、建设新村"思想指导下，修复二郎庙、地道等文物遗址，新建餐饮娱乐、观光游览等基础设施，围绕"古军事"文化打造特色文旅品牌，将整个村庄打造成融军事、生产、居住为一体的袖珍"古堡"，把生态效益和经济效益有机结合起来，"保存了格局面貌、留住了乡愁记忆、传承了文化资源、促进了经济发展"。张壁古堡由此受到国内外众多游客的青睐，并于2024年成功入选"最美小镇"，这也极大地提高了当地村民的经济收入。

三、传统村落文化资源的价值生成

传统村落像所有生命体一样会遵循生长、壮大、衰落、灭亡的自然规律。进入21世纪，我国社会发生了全面、深刻的变革。随着社会的发展和城镇化进程的加快，遗产保护与旧房改造的矛盾越来越凸显。由于传统村落大部分宅院都属于私人财产，当地居民文物保护意识不够强，自觉性不够高；政府财政投入不够足，统筹文物保护修缮方面的经验不够丰富，拟订的文物保护措施不够有力，文物保护、修缮方面的人才又比较匮乏，这在一定程度上加速了传统村落的破败。另外，由于部分传统村落地理位置比较偏僻，资源比较匮乏，村里的年轻人都外出打工，村里居住的多为老人，比如悬空古村，居民目前仅剩下七八户，所以传统村落的衰败看起来不可避免。人口空心化、景观破碎化、民俗边缘化、情感稀薄化的现象日益严重，越来越多的传统村落已然没有了往日的兴盛，村民记忆的载体正在减少，人们对地域特色文化的认同感在减退，传统村落正在失去生机、失去活力，正在慢慢走向衰落！拯救传统村落、守护传统村落成为乡村振兴刻不容缓的责任与使命。当前，对传统村落保护的思路正由"单体建筑保护"转向"整体空间保护"，摈弃过度开发、坚守保护第一的理念引起了人们的普遍关注。但现在仍存在以文化为中心的观念——侧重于保护文化存在的形式以及一些可感知的物质载体，即侧重于保护文化存在的形式和其所依托的物质载体，而缺乏对传统村落内涵价值的深刻认知，缺乏对传统村落文化传承路径的理性思考。

作为全国历史文化名村最集中最丰富的省份，山西省大多数传统村落坐落在山环水抱之间，群山拱卫、溪水细流，优质的地理环境，适宜的温度、湿度为人们供给着必要的生产、生活资源，山川灵秀、人杰地灵，也为人们提供了情感价值。漫步在蜿蜒的乡间小道上，放眼望去，高大的古槐依旧枝繁叶茂，精巧的门窗却早已锈迹斑斑，残破斑驳的院墙、尘封已久的农具、杂草丛生的石子路，让人不禁感慨岁月如梭、人生如梦！诚然，传统村落作为一种物质形态、文化属性的实体性存在，依然传承着民族的历史记忆，导引着社会的价值取向，凸显着先民的生活智慧，展现着文化的地域特色，寄托着人们浓浓的故乡情、家国梦。传统村落不仅仅是物质载体，而且还承载着社会结构，村落聚集的地理空间和社会空间是研究三晋文化的"活化石"。家谱、石碑以及村民的口述材料，都是传统文化的象征、符号与标志，其中包含着中原农耕文化与北方少数民族游牧文化融合发展的轨迹，彰显着山西开放、务实、求新的地域文化特征。有学者认为，传统村落是中国传统建筑精髓的重要组成部分，真实地反映了农业文明时代的乡村经济和极富人情味的社会生活，对于历史的传承，其比文字记载更准确、真实。然而，传统村落又是极其脆弱和不可再生的，所以我们必须对传统村落的保护加以重视，使传统村落能够真实、完整地传承于世。村落风水、道路空间、院落布局、建筑装饰等等都是历经岁月洗礼沉淀下来的精华，承载着内涵丰富、形态独特的地域文化，它们是人类历史、社会生活、文化传承的"活化石"，从人类学、社会学、历史学等意义上讲，都有着不可替代性。因此，要留住"乡愁记忆"、赓续"文化基因"、谱写"传承华章"，必须守护好传统村落的物化形态与非物质文化遗产，充分全面地评定其历史意义，只有这样才能更好地创造性保护、创新性发展传统村落的历史文化价值。具体来讲，就是要深入分析研究传统村落保护和利用价值，综合评定传统村落真实状况与发展潜力、历史文化价值，为传统村落的保护与开发提供科学依据。

西北大学博士杨锋梅在其学位论文《基于保护与利用视角的山西传统村落空间结构及价值评价研究》中写道："传统村落的评价不同于一般的文物古迹，不应只注重建筑单体的物质性层面评价，而应将评价范围放在传统村落形成发展的历史视野中，提高到村落整体环境的高度，从主观感受到客观标准进行综合权衡考量，从历史到现状，由质到量，涉及意识观念和物质形态等各方面。"住房和城乡建设部于2012年出台了《传统

村落评价认定指标体系（试行）》，该评价体系囊括传统村落的非物质文化遗产、村落选址、整体格局以及历史建筑评价，共二十项具体指标。其中历史建筑评价包括了久远度、稀缺度、规模、比例、丰富度、完整性、工艺美学价值、传统营造工艺传承等八个方面。村落选址和格局评价既包含历史环境等构成要素，又涵盖了村落如今的聚落形态。如历史型城中村的代表大阳泉古村，相关部门通过检测村西槐树的树龄，推断早在唐代这里已有人定居。古人选择"奇穴"营建大阳泉村，以阳泉街为主轴，借助东西、南北两侧街巷调节五行秩序。村子北侧多为商贾大院，南侧多为儒生故居，檐墙墀头上或雕有珍禽瑞兽，或为寓意雕刻，或为文字装饰。村子现有古井二十四处、古木十九棵、碑刻六十余块，另外还有历史民居、文化建筑等，都有重要的历史价值。

就学术研究价值而言，传统村落文化资源内涵丰富、底蕴深厚、类型多样，作为一个概念范畴，挖掘、整合、提炼传统村落文化内涵对于增强文化自信、推进"两个结合"都有重大现实意义，近年来被越来越多的学者所重视。山西传统村落数量众多，这里记录着中华文明最初的模样，呈现着地域文化鲜明的特色，承载着历史人文立体的记忆，是追根溯源、研究文化脉络的真实样本，它们为山西高质量发展奠定了文化根基，也为景观生态、规划设计、旅游管理、人文地理、文化历史等多领域交叉学科发展创新研究提供了新视角。比如，2007年被列为第三批中国历史文化名村、2012年入选我国第一批传统村落名录的郭峪村，其地形可以概括为"六岭五沟一河"，诸山环邑、藏风聚气，风水绝佳，选址最为理想。其坚固的防御工事、科学的给排水系统、独特的营造技术，是众多不同领域专家、学者的研究对象，具有极高的学术研究价值。

就历史价值而言，传统村落作为历史悠久的聚居区，见证了当地历史变迁和社会发展，它们常常与特定时期人物、事件紧密关联，集中体现了当地的地域特色。传统村落或延续千年，或兴盛百年，历经岁月洗礼，是我们走进历史的窗口、对话古人的媒介，这里的一草一木、一屋一舍见证着古村的繁华与喧嚣、寂静与落寞，是对村民们的生产生活方式、社会观念形态、审美价值取向的最直接呈现与反映，也是民族文化传承发展的最重要的物证。传统村落作为历史的产物，能够比较真实、客观地反映出某一区域特定历史背景下社会经济、文化传承和生活状况等内容，能够折射出人口聚落与生态文明发展、地域文化保护的协同发展路径，也能够反映出社会大背景下物质产品和精神文化产品的供应水平。

就文化价值而言，传统村落是地域乡土文化最重要的载体。同样是三晋大地，边寨的粗犷、古堡的雄奇、大院的内敛、家宅的精致，不同的区域在岁月激荡中逐渐形成自己独具特色的文化体系。沧海桑田、岁月更迭，长年累月聚集生活在一起的村民，在时间的长河中，慢慢地形成了简洁质朴的生活方式和大家共同认可的核心观念。从日常的生活习惯、宗教信仰、风土人情、家风家教来看，传统村落已然成为一个独特的文化载体，那些非物质要素构成的文化基因都在其中萌发酝酿、生成发展，浸润每个人的身心。在时空的演化中，每个村落都独具特色、风格鲜明，成为地域文化重要的组成因子。传统村落的文化价值除了体现在选址理念、空间布局上，还体现在地域文化、区域特色以及独特的民俗风情上。传统村落的发展史就是当地文化的传承史、发展史，真实地反映着当地历史文化脉络的演进。每一个村落，因为影响因素的变化，都有自己独特的居住环境，都是地理因素与人文因素的结合体。

就科学价值而言，在经济、地理、自然等因素的相互影响下，传统村落经过时空的锤炼，积淀而成独具特色、类型鲜明的生态文化景观。这些村落往往坐落于山清水秀的风水宝地，村民们因地制宜，选择南向向阳坡地，随坡就势建造房舍——在尽可能保留原地形的同时充分利用日照条件，践行了天人合一、人与自然和谐共生的理念。这些院落布局看似随意，却疏密有致，沿坡排布，与周围环境相契合，处处显示着生活的智慧。如后沟村的四合院民居，正房坐北朝南，正房与厢房间通过围墙围合，院落布局"藏风得水"，又利用热压作用和风压作用进行通风。而整个后沟村充分利用地形优势，逐层排水。其单体建筑的排水设计、合院空间的排水组织和整个村落的排水系统环环相扣，既有明沟排水，又有暗道排水。科学有效的排水设计有效避免了山体滑坡和水土流失，甚至可与现代水利工程相媲美，时至今日依旧发挥着作用。

就艺术价值而言，传统村落的建筑装饰题材广泛、内容丰富、手法独特。那些砖雕、木雕、石雕，装饰在门窗、梁柱、影壁、屋脊上，抱鼓石、柱础、铺首也都是民间艺术家们的用武之地，花卉、蔬果、动物，人物山水、诗词歌赋、神话传说、经典寓言等都是他们的描绘对象，其内容丰富多彩、寓意吉祥美好，表达着人们对长寿、吉祥、喜庆等的向往和祈盼。比如，郭峪村松木宅倒座檐廊处，一层额枋与柱子之间的雀替雕刻吉祥图案，额枋两侧雕刻有盛开的兰花，中间上承蝙蝠状替木，额枋上所描绘的是在一片春意盎然的丛林里，一只半蹲的鹿正回望远处天边翱翔的仙鹤。仙鹤舒展的身姿、优美的姿态，传递出主人对太平盛世的向往。柱子中间的栏板上雕刻有精致的如意纹，意指吉祥如意。另外，传统村落的影壁装饰也颇具特色。传统村落里的影壁一般分为独立影壁和座山影壁，影壁四边壁框围合，中间雕刻精美，犹如一幅水墨山水画，寓意平安富贵、吉祥美满。形态各异的影壁为宅院增加了喜气，带来了希望。总而言之，传统村落的建筑装饰制作细腻、风格多样、内涵丰富、寓意美好，兼具雅俗共赏的共性，既体现出当时匠人娴熟的技艺，又彰显着主人的身份地位，同时也反映出当时村民们的审美观念。

就旅游价值而言，传统村落呈现出与现代城市迥然不同的地域特色、环境氛围和文化景观。恬淡闲适的生活方式、原生态的民俗体验、传统的手工艺品和美食吸引着人们前去观光游玩。传统村落的空间格局、房屋营造、建筑装饰等，处处体现着天、地、人的和谐共生。在这里，游客可体会到精神回归的美好——沉浸于浓郁的乡土气息，溯源人类的精神家园，让人们真切地感受到不同于都市喧嚣的、快节奏的别样生活。在这里，人们可近距离感受先人的高超技艺和杰出智慧，从而加深对祖辈生活方式、精神信仰、文化理念的认知，领悟中华传统文化的博大精深，进而获得精神的慰藉、情感的陶冶。太行丹河之畔的良户村，保存有相对完整的精湛的建筑古迹。漫步在古院林立的巷道间，恍然间让人有种穿越千年的错觉，对久居他乡的游人来讲，这里是心灵的休憩地、精神的栖息地——这便是传统村落的旅游价值。

就育人价值而言，山西传统村落蕴含着许许多多珍贵的优秀传统文化资源，挖掘、整理传统村落文化育人因素，激活传统村落文化育人功能，是弘扬中华优秀传统文化，创新性传承、保护传统村落文化的重要方式。中华优秀传统文化是中华民族"最深沉的精神追求""最深厚的文化软实力"，是"中华民族精神基因的传承"，是我们的"根"和"魂"。众多的传统村落都蕴含着丰富的文化资源，虽然其中也存在着一些落后的、腐朽的、糟粕性的东西，但不能以偏概全、视野局限，要辩证地看待这些文化资源的意义、价值、作用。比如，在古人看来，祠堂是缅怀祖先荣光、形象宣传孝道、寄托族人哀思、凝聚宗亲情感的重要场所，其肃穆的氛围、庄严的气息是先祖威望与宗族气运的象征，具有鲜明的文化意义、育人作用。然而随着社会的变革和村民生产生活方式的变化，祠堂的内涵已然发生深刻改变。无论是大周村的武家祠堂院、师家沟村的师氏祠堂、大阳泉村的冯氏宗祠，还是光村的蔺家、薛家、王家祠堂等，它们历经岁月的洗礼，已经没有了当年的威严肃穆，祠堂的影响力也在下降。但是，祠堂文化作为我国流传最悠久、最深厚的一种民间传统文化，承载着家族全部的历史情感、生活理想，是家族文化的根脉所在。祠堂既是村民的生活空间，也是他们的心灵家园。祠堂文化几千年来与农耕文明共生共荣，已经融入村民的血液中，衍变为一种民间信仰，拥有丰富的文化内涵。人是文化的核心，是文化的主角；文化是"人为的"，也是"为人的"。文化以教化为核心，文化的价值是"以文化人"，使"自然的人"成为"社会的人"。祠堂文化所具有的聚合力、亲和力、约束力，能够让村民产生强烈的心理认同、思想认同与文化认同。村民对祠堂文化的历史记忆，对祠堂祭祖的心理膜拜，以及祠堂忠孝文化对后代子孙家国情怀培育方面所具有的潜在性、内隐性、原生性等特质，使其成为提升文化自觉、文化自信，提高思想政治教育实效性，提高乡村社会文明程度的新思路、新途径。因此，要重构传统村落公共文化生活空间，引导祠堂文化及其教化功能实现现代转型，激活祠堂文化在地方治理、凝聚人心方面的独特作用，帮助浮躁的人们回归"精神磁场"、依归"祖先信仰"，引导人们在质朴幽静的祠堂文化中涵养心灵、完善人格。

第四章　山西传统村落文化资源的理论解读

　　山西传统村落文化是地域文化资源的重要组成部分。地域文化一直是学术界关注的热点话题，但关于"地域"这一概念的界定仍存争议。有人认为应采用自然界线，也有人主张依据历史传统形成的分界，还有人认为当代省区界线更具权威性。山西学者李元庆先生将"晋文化"与"三晋文化"统称为"三晋古文化"，指出"三晋古文化是山西文化发展的鼎盛阶段，或者说是成熟形态"。山西传统村落在漫长的历史形成过程中表现出来的强烈的地域差异和文化特质，造就了山西丰富多样的文化资源。

<h2 style="text-align:center">一、坚守与绽放：
在中华优秀传统文化视域下的传统村落文化形态的传承与发展</h2>

　　在中华五千年文明史上，山西是一颗璀璨的明珠。千百年来，山西各地流传着众多的传说故事，如女娲造人、精卫填海、共工撞山、女娲补天、后羿射日、嫘祖传说、神农尝百草、伏羲画八卦等。神话传说与民间信仰互构共生，民间信仰的复兴、彰显与乡村文化振兴互为肌理。传统村落里的民间信

仰反映出中华文化强大的衍生力、影响力、辐射力，它们是铸牢中华民族共同体意识的思想根基。传说是历史演绎的结果。传说故事时间跨度大、覆盖面积广，可以折射出远古时代文化发展的脉络，反映先民们最久远的集体记忆，并由此演绎为区域民众共同的文化信仰。

早在旧石器时期，山西襄汾就有丁村人生活。上古传说中，尧舜禹都曾在山西南部建立都城。春秋诸侯称霸，晋国霸业历时长而影响大。余全介在《春秋晋国霸业探因》一文中指出："晋国扼居河曲一带，表里山河，四面都是戎狄的小部落，地大势固，又易发展。"[1]魏晋南北朝时期，政治动荡、文化交融，山西是游牧文明过渡到农耕文明的核心地带，是经贸往来、物资运输的战略通道。唐代，太原成为北都。宋元时期，山西政治、经济、文化的战略地位更加凸显，出现庞大的建筑群，建筑风格多古朴雅致。明清时期，晋商崛起，他们秉承着唐晋遗风，秉持着关公信义精神，内诚于心、外信于人，勤奋敬业、以义制利、经世济民、开拓进取、务实经营，继承并发展了厚重深沉的山西地域文化。

文化源自人们社会生产生活的实践，其中既包括物质文化，也包括精神文化。成中英先生认为"文化是人类的生活、活动，或活动所表现的形式"[2]，所以产生了不同的文化。张岱年、程宜山则认为：文化是人类在处理人和世界关系中所采取

1 余全介：《春秋晋国霸业探因》，《江西社会科学》2013 年第 6 期。
2 成中英：《中国文化的现代化和世界化》，中国和平出版社，1988，第 58 页。

的精神活动与实践活动的方式及其所创造出来的物质和精神成果的总和，是活动方式与活动成果的辩证统一。可见，文化就是教化、培育的过程，是人类一代代传承下来的有形、无形的形态。中华传统文化是指古代人民在生产实践中所创造的一切物质财富和精神财富，其中被历史所传承与铭记的积极文化就是中华优秀传统文化。民族精神是民族文化的精髓，潜移默化地影响着人们的思想和行为。

三晋文化是中华传统文化的重要组成部分，也是中华优秀传统文化的典型代表。从时间发展来看，历史上三晋大地曾有过四次民族融合高潮，分别是春秋战国时期、东汉末年至西晋初年、北魏时期、辽金元时期。民族融合进一步丰富和发展了三晋文化。从地缘空间来看，特定的生存空间造就了不同的文化形态。中国考古学会理事长苏秉琦教授认为，"中国"最初就是指晋南。他进而指出，晋南属于"中原古文化"范畴，晋北属于"北方古文化"系列，"晋文化"是"两大古文化区系的重要纽带"。可见，三晋文化根植于黄土、黄河文化，既有中原农耕文化的悠久传统，又有北方游牧民族的鲜明特征，两种文化相互冲突、相互影响，呈现出交融共生的显著特点。概括言之，文化兼容并包、地域特色鲜明，是三晋文化的显著特点。而晋中地区的文化与其自然地理的特色密切相关。晋中地处两山——西部吕梁山、东部太行山相夹的中部，也是三晋腹地，汾河之水从北而南贯穿而过。历史上，这里一直是中原民俗文化与北方民俗文化的交错之地。胡汉相互交融，一方面这里是农耕文明和游牧文明相互激烈碰撞的重要地带，另一方面这里也是中原农耕文化和北方游牧文化两大文化区系之间的重要纽带。从地域文化上看，不同地域在历史上形成了不同的文化风格或文化形态，如"雁北文化""晋南文化""上党文化""晋中文化""河东文化"等。从具体表象上看，"十里不同风，百里不同俗"，三晋大地上既有慷慨激越的蒲剧，又有婉转动听的晋剧，还有明快豪爽的上党梆子、舒展刚健的北路梆子。这些音乐形态，乡土气息浓郁、表现力强，质朴豪放、真情务实，既具有三晋文化的共性特征，又具有鲜明的地域特色，但都真挚表达着三晋人民的情感、愿望、理念和志趣。

传统村落保留着各种信仰、习俗、观念等精神文化的载体，是山西地域文化资源的重要组成部分。从文化层面来讲，传统村落文化资源是指在特定地理环境下，村民代代传承的思维习惯和认知模式，是指导历代村民生产生活实践的"根"和"魂"，对村落发展壮大发挥着积极向上的促进作用。但是，由于传统村落的地理环境和气候条件存在差异，经过岁月积淀，不同地域的人形成了有差异的生产生活方式、审美观念。尽管文化生成的客观条件不尽相同，但它们都有着中华优秀传统文化的共性，在诸如和谐共生、孝亲敬老、惜土敬土的观念上有一致的态度。传统村落文化的生成、发展离不开中华优秀传统文化这个"根"，要清晰把握某一区域传统村落文化的特性，就必须了解中华优秀传统文化的共性，是具体的、现实的村落文化构成了中华优秀传统文化。以晋东南沁水河畔堡寨中历史久远的窦庄村为例。村落选址综合考虑地理、气候、水源等多方面因素，背靠阃山，沁河环绕周边，布局形似紫禁城，形成"负阴抱阳"的基本格局。进入堡寨，院院相通，明街暗道相连。整座村落的营建充分发挥了人的聪明才智，体现了古人天人合一的哲学观念。

崇尚天人合一是中国传统思维模式的重要特征，也是古时人们居室营造、生产生活、资源利用的重要依据。天人合一观的产生有着深厚的历史土壤和文化背景，对天人关系的思考一直是中国古代哲学美学的重要命题。在原始先民眼中，"天"是神秘的、令人敬畏的，它主宰着人间的一切福祸，受到人们的顶礼膜拜。殷商的巫术文化相当发达，天命神学思想影响着人们的活动。西周时期，随着社会的发展、认识的深入，人们开始怀疑天的神圣性。周朝人敬天却也重民。《尚书·蔡仲之命》中曰："皇天无亲，唯德是辅。""天"虽然仍具有神的意味，但并不是万能的；人们认识到君王统治国家的关键还是民心向背，而不仅仅只是"天"的授意。应该说，西周先成民后致神的观点，是对之前天命神学中神人关系的一种冲击。西周之前的"天"是神学化的"天"，是至高的神；而周人拉近了天与人的距离，其所谓的"天"是人格化的自然之"天"。周人重礼，"以德配天"体现了对人的主体性的重视。春秋战国时期，诸侯争霸、狼烟四起、礼崩乐坏，"天"从神的位置上滑落下来，天人相分的思想逐渐深入。"百家争鸣"表现出的天人观，促进了人对自身以及人对"天"的自觉认识。哲学思想中的天人合一观，就是在这一时期走向成熟。《论语·泰伯》载孔子曰："唯天为大，唯尧则之。"天是宇宙中的最高权威，是衡量人们德行的最高准则。及至孟子，"天"的神秘意味渐渐退去，但孟子也认为天与人之间可以互相感知："尽其心者，知其性也；知其性，则知天矣。"《孟子·尽心上》强调，知天的前提是知人，即要努力提高自身人格修养。"仰不愧天"，让无所不知的天来评价"我"的道德、言行，以此来通向天人合一的境地。老子认为天地的本原是"道"，他所说的"天"几乎失去了人格神的意义，是自然无为的。庄子延续了"道"的思想，认为天、地、人本来就是一体的，《庄子·齐物论》载"天地与我并生，而万物与我为一"。庄子以自然之道论说天地人生，主张无为而无不为，追求超越现实的精神境界。特别要注意的是，先秦理论家荀子，在天人关系上强调要发挥人的主观能动性，他在《荀子·天论》中主张"明于天人相分"。倡导天人相分，并不是要将天与人绝对对立，其实荀子和孔孟一样，也提出"君子者，天地之参也"，从道德意义上认同天与人还是密切相连的。我们说，孔孟赋予"天"道德属性，老庄强调"天"的自然特征，天人合一的内涵越来越丰富。就天人合一思想而言，儒家重"仁"重"礼"，天人合一是践仁行礼的前提；道家崇尚自然无为，天人合一是摒弃后天污染，进入自然之道的主要途径。李泽厚先生对此有精辟的概括："'天人合一'观念既吸取了原宗教中的天人认同感，又去掉了它原有的神秘、迷狂或非理性内容，同时却又并未完全褪去它原有的主宰、命定含义，只是淡薄了许多；其自然含义的方面相对突出了。"应该说，董仲舒的天人观就是在天人合一的历史境遇中结合时代话语而生成的。

"董仲舒的'天人合一'，主要指天道与人道、天地万物与主体精神的相类、相感、相通。'天人感应'是董仲舒'天人合一'的理论基础，是主体与自然万物的融通。从天人相通而'感应'的角度，探讨审美主体与客体的关系，是董仲舒'天人合一'思想的美学特色。董仲舒的'天人合一'重视的是君主和臣民在人事中与天道运行相适应、相统一。"天人合一使"天"的权威再次树立起来，这里的"天"是神学化、道德化和人格化的统一，天人之间既相类相通，又相应相感，"人"的主体性在这里得到了进一步的加强。以西文兴村选址为例来说明一下。村落坐落在一条南北走向的山梁上，坐北朝南，依山傍水。西文兴村的村落布局体现了董仲舒天人合一的思想。村子依着山沟的自然形态建设，四周群山环抱，沟中小河流淌，山间绿树掩映。村子左靠东山，名曰"三台左抱"；右倚西岭，名曰"九岗右环"；依托北山之势，名曰"凤凰单展翅"；坐落后湾，名曰"二龙戏珠"。这正是所谓"面壁历山近帝家，近傍洞水绕府行"。凤凰是传说中的百鸟之王，"凤凰涅槃"获得永生，因此被古人视为吉祥的象征。早在两汉时期，就出现通过凤凰祥瑞印证天人感应、彰显德行和仁政的记载。

诚然，传统村落文化遗产的保护传承、文旅产业的融合发展与中国式现代化的进程深刻联系，与文化强国的战略紧密衔接。传统村落是自然的人化与人化自然的辩证统一，是中华优秀传统文化传承的载体，这里的文化资源是地域文化遗产的活态呈现。先民的生产生活方式中延续着厚重的历史文化记忆，村落中典型的地标性遗址、久远的礼俗观念、古时的村规民约，具有凝聚人心、教化民众、传播文化的重要作用。整体上来看，传统村落文化的修复与整合，激发了地域特色文化的生命力，也促进了中华优秀传统文化的多样性发展。

就山西传统村落文化形态而言，复杂的地理位置、多样的气候条件，造就了多元的文化形态。如长城文化。2022年6月，山西省出台《长城国家文化公园（山西段）建设保护规划》：以山西各历史时代遗存的长城为主体，从东向西、从北向南经大同、朔州、忻州、吕梁、阳泉、晋中、长治、晋城八个市三十九个县（市、区），总长一百四一万零六十二点三三米。长城文化有着自强不息、民族融合、边塞风情等精神内涵。如民俗文化。传统民间艺术是传统民俗文化的重要组成部分。山西民间艺术文化历史悠久、内涵丰富、形式多样，有丁村的家戏、夏门村的干调秧歌、冷泉村的高跷和背棍、师家沟村的舞狮、南庄村的剪纸、大周村的八音会等。这些看似草根、朴素，而极具内生性和区域性的民俗文化，是传统村落最宝贵的文化资源，它能增强聚居于一定区域人们的文化认同感，具有形成社会规则、匡正社会风气、调节民众心理的功能。再如建筑文化。梁思成先生赞誉山西民居建筑"外雄内秀"：外墙高耸坚实，突出防御性；院内则处处有精美的雕刻或彩绘，宅门、脊兽、斗拱、门窗、雀替、挂落、照壁等均装饰得古朴而不陈旧、细腻而不琐碎。整个建筑轮廓丰满舒展、内里精致精彩，统一而不单调。举例说明一下。云丘山村民居的院落布局采用联排式、合院式和窑上院式；光村民居由正房、东西厢房、倒座、耳房、阁楼等构成，构建多样、装饰丰富；官沟村民居院落形态简单，装饰构件种类繁多，可分为石雕、砖雕、木雕、铁艺四大门类，集中装饰在檐部、大门、墙基等处；良户村通过边门连接、院落连接、巷道连接的"棋盘院"，借助"音意""形意"，"音、形并致"地传达装饰语言。

作为人类历史文化的重要积淀，山西传统村落文化资源承载着民族的文化基因和精神血脉，彰显着中华优秀传统文化的独特魅力，是实现中华民族伟大复兴的思想源泉之一，也是推动中国式现代化建设的文化密码之一。钟灵毓秀的村落景观，展现了中华民族的认知高度、生活智慧、情怀格局、价值观念和道德习俗，潜移默化地影响着一代代生活在村里的村民。习近平总书记指出："优秀传统文化是一个国家、一个民族传承和发展的根本，如果丢掉了，就割断了精神命脉。"党的二十大报告提出要"传承中华优秀传统文化"。中华优秀传统文化影响着国人的精神世界和行为方式，涵盖着社会主义核心价值观的基本内涵，积蓄着实现中华民族伟大复兴的精神力量，它终将引领着中华民族屹立于世界民族之林。

素有"华夏文明直根"美誉的三晋大地，留存着数量众多、内容丰富的文物古迹，历史文化名村数量堪称全国第一。一个个古堡村寨、商贾大院、关隘门户，蕴含着深厚的德孝文化、信义文化、两黄文化、红色文化，真切而鲜活地体现着中华历史文化信息，是悠久绚烂的中华文明在沧桑激荡岁月中创造性传承和创新性发展的"实证""活证",其历史人文价值、建筑艺术价值、审美价值无可替代。

但是,在快速城镇化、市场化的浪潮中,传统村落的原生态自然景观急剧变化,在"撤村并居"的冲击下,一些传统村落迅速消亡,原住村民的外流加剧了传统村落的空心化、空巢化,非物质文化遗产的传承面临断代失传的危机。这正如冯骥才先生所说:"传统村落中蕴藏着丰富的历史信息和文化景观,是中国农耕文明留下的最大遗产。"但随着社会的发展,一些村落自然解体或消失,村落的原始性以及吸附其上的文化性正在迅速瓦解。传统村落同时受到后现代思潮和多重价值观的冲击,自然景观的残败衰落,古老建筑技艺、民风民俗的逐渐消失,让家园不复、乡愁难寄、道德滑坡,这些现象正被越来越多的学者、专家关注。

客观来讲,传统村落连接着历史与现在,牵系着传统与现代,是中华优秀传统文化最直接的活态载体。传统村落中的纵横街巷、石刻木雕、宗庙祠堂等记录着文化传承脉络,如何依托文物古迹,让这些传统村落"活起来、亮起来"并释放其时代价值、社会价值和文化价值就成为一个考量我们才智的命题。需要注意的是,传统村落文化作为人类创造活动的产物,本质上是被动的,无法自主适应时代的变迁,它必须与人们的社会实践相结合才能充分展现其时代意义与现实价值。弘扬传统文化,就要在深刻理解其思想精髓的基础上,契合当代社会需求,找到让传统文化与现代文明有机融合的途径。要实现中国传统文化的创造性转化和创新性发展,就要始终坚持以辩证唯物主义和历史唯物主义科学世界观与方法论为指导。

不忘本来才能开辟未来，善于继承才能更好创新。弘扬中华民族优秀传统文化，要做好创造性转化和创新性发展。创造性转化，就是要按照时代特点和要求，对那些仍有借鉴价值的内涵和表现形式加以改造，赋予其新的时代内涵和现代表达形式，激活其生命力。创新性发展，就是要瞄准时代的新进步新发展，对中华优秀传统文化的内涵加以补充、拓展，使之更完善，以增强其影响力和号召力。创造性转化和创新性发展的目的是通过吸收中国传统文化的精华，丰富、发展马克思主义，推进马克思主义中国化、时代化；同时，以马克思主义理论指导中华文化继续向前发展，以满足人民精神文化需求，从而树立文化自信，建设文化强国。

村落优秀传统文化要实现创造性转化，就要"深入挖掘农村优秀传统文化的丰富内涵，准确把握各地域各类型传统文化的深层涵义和优势，提炼各自的特色，寻找各自的亮点，在乡村振兴战略视野下打造精品，打造特色文化品牌"[1]。地域差异使各地文化具有不同特色，挖掘、提炼地域文化属性是促进文旅产业高质量发展的重要路径。特别要指出的是，传统村落独特的地域风貌和民风民俗是打造文化产业品牌的重要资源库，比如醋文化、酒文化、面塑文化、剪纸文化等。要想在文旅产业融合中让传统村落文化资源走出去、传开来、立起来、火出圈，就必须让其融入现代人的日常生活当中。习

1 马骋：《乡村振兴战略背景下的云浮乡村优秀传统文化创造性转化研究》，《广州城市职业学院学报》2022 年第 2 期。

近平总书记说，"要使中华民族最基本的文化基因与当代文化相适应、与现代社会相协调，以人们喜闻乐见、具有广泛参与性的方式推广开来"。坚持创造性转化、创新性发展，"让收藏在禁宫里的文物、陈列在广阔大地上的遗产、书写在古籍里的文字都活起来"。而传统文化的现代化转化，实质上就是一种创意性转化。这种创意性转化的关键就是找准传统文化与当下生活的最佳契合点，运用现代创意，从风俗、节庆、技艺、图案等一切传统文化的经典性元素和标志性符号中寻找灵感，为传统文化创新表达形式，创造出形式新颖、独具魅力的文化产品。比如2024年9月，山西阳曲高速服务区推出"三晋名优特产展销节"，山西花馍、面塑、剪纸、根雕、泥塑、画扇、抱枕、砚台、皮影画等特色文创产品让人耳目一新。这些文创产品的展出是对山西非物质文化遗产系统保护和赓续传承的最好注释，而众多游客在游览美景、放松心情、精神回归的同时，"零距离"感受到三晋文化的独特魅力和多重价值。

随着时代的发展，传统文化将以创造性转化和创新性发展的方式得以传承。传承和弘扬中华优秀传统文化是项长期的系统工程，需要统筹规划、顶层设计、整合文化资源，以特色取胜；更需要充分调动各部门各行业的积极性，"政行校企"多方联动、有机结合，打造"产业学院"，更大程度地发挥"政行校企"多方优势，实现资源整合，形成文化产业新业态，助力地域文化产业的可持续发展。

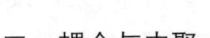

二、耦合与内聚：
在马克思主义文化观指导下的传统村落文化空间的审视与重构

文化是一切人化的客观存在，反映着人类社会特定时期物质生产和精神生产的能力和方式。马克思批判继承康德、黑格尔的文化哲学以及费尔巴哈的人本主义思想，从辩证唯物主义角度揭示文化本质上是人在社会实践中实现人化自然和自然人化的过程，是人的本质力量对象化的结果；文化的产生和发展实际上是处于一定社会关系中的人，能动地改造客观外在世界的对象性活动所产生的结果。可以说，马克思主义文化观脱胎于德国古典哲学家们的文化观，又超越他们的文化观。在《〈黑格尔法哲学批判〉导言》一文中，马克思围绕人的异化这条主线，明确指出是"人创造了宗教，而不是宗教创造了人"，强调了只有通过实践才能实现文化的最终价值诉求，即人的自由和解放。大连大学苏丽珍硕士在其学位论文《马克思主义文化观视域下南靖客家土楼文化传承研究》中写道："文化产生的源泉是现实的人的生产实践，生产实践的观点不仅是马克思主义文化观区别于以往文化观的根本特性，同时其也是马克思恩格斯用来理解和阐释文化的出发点，马克思深刻阐述了生产实践是一切财富和一切文化的源泉。"《1844年经济学哲学手稿》不仅是马克思唯物主义文化观的"发源地"，也是其文化思想的逻辑起点。马克思认为，自然界的存在是文化存在的物质前提，他明确指出"没有自然界，没有感性的外部世界，工人什么也不能创造"，"人直接地是自然存在物……是受动的、受制约的和受限制的存在物，就是说，他的欲望的对象是作为不依赖于他的对象而存在于他之外的"。自然界的一切存在物，空气、水、阳光、土壤等为人类的繁衍生息提供可能。人类依靠自然界已有的生活资料、劳动对象展开各种形式的物质生产实践活动，人类在能动地改造外在世界的过程中不可避免地会留下印记。这些有形的资源又为人类本质力量对象化提供了精神食粮。可见，人既是自然界的产物又靠自然界而生存，而文化作为一种普遍的精神生产形式，其物质性前提是自然存在。在马克思看来，自然界是人与人之间产生联系的纽带，人作为特殊的社会存在物，能够感知并影响社会的发展。马克思在《关于费尔巴哈的提纲》中指出，人的本质是一切社会关系的总和，人不是受单一社会关系所决定的，而是受来自各方面、各阶层的社会关系所制约的。文化的产生和发展，是处在一定社会关系中的人，能动地改造客观世界的对象性活动所产生的结果。

马克思在《德意志意识形态》中指出：意识在任何时候都只能是被意识到了的存在，而人们的存在就是他们的现实生活过程。人类的生活决定人类的意识，社会存在决定社会意识，这是历史唯物主义文化观的基本立场。一方面，传统村落是"现实的人"在生产生活实践中，按照"美的规律"合目的、合规律地营建而成；另一方面，传统村落文化资源也滋养着原住村民的精神世界，孕育出他们朴素的价值观念和和谐的生态理念。保护和传承传统村落文化资源要坚持以人为本，原住村民是传统村落最本真生产生活方式延续的根本，然而随着社会生产力的快速发展，特别是改革开放以来，越来越多的农民从乡村走向城市，空心化、空巢化、老龄化情况日益严重；因此，保护传统村落要"人物并重"，始终关注原住村民的现实需要，真实还原传统村落风貌格局，循着珍贵的文物古迹找寻前人的印记，彻底扭转原住村民生活质量不够高的现状。2014年11月，山西太行三村生态博物馆正式对外开放。其依托石城镇周边传统村落，融自然、生态、人文等价值于一体，既关注原住村民的需求，加大基础设施建设，坚持功能引领；又聚焦游人需求，统筹谋划提升游览观感，以增强他们的文化共鸣。

新时代，习近平总书记进一步丰富和完善了马克思主义文化观，他强调："农村是我国传统文明的发源地，乡土文化的根不能断，农村不能成为荒芜的农村、留守的农村、记忆中的故园。"马克思认为，生产实践同时也是一种文化的创造活动，人在进行对象化活动过程中，把自身的理想、目的等内在的精神文化物化为客体存在的形式，即物质文化。物质文化以客体的形式存在着，不仅为个人、地域，还为各民族之间的交流提供了前提；同时，也促使人类的文化成果能够在不同历史阶段的人们之间进行积累和传递。现实的人的生产实践是人类文化得以进一步发展的内在根据。

《〈政治经济学批判〉序言》是马克思主义文化观完善时期的代表作，在此马克思深刻阐明，上层建筑的矛盾运动是推动文化发展的基本规律，且进一步指出："人们在自己生活的社会生产中发生一定的、必然的、不以他们的意志为转移的关系，即同他们的物质生产力的一定发展阶段相适应的生产关系。这些生产关系的总和构成社会的经济结构，即有法律的和政治的上层建筑竖立其上并有一定的社会意识形态与之相适应的现实基础。物质生活的生产方式制约着整个社会生活、政治生活和精神生活的过程。"[1]生产力与生产关系的矛盾运动推动经济基础和上层建筑的变革。文化根植于一定经济基础，文化起源于人的现实的、具体的生产实践，文化的发展传承与社会化大生产密切相连，应该说"思想、观念、意识的生产最初是直接与人们的物质活动，与人们的物质交往，与现实生产的语言交织在一起的"。可见，文化与社会发展密切相连。马克思指出：政治、法、哲学、宗教、文学、艺术等等的发展是以经济发展为基础的，但是它们又相互影响并对经济基础发生作用。可以说，文化产生、发展的前提就是特定时期的历史环境、经济状况。传统村落的经济发展水平影响着村民的文化素养，而文化素养又折射出特定社会发展阶段的经济状况与生产力水平。在特定的历史阶段，物质资料的生产方式及其发展程度，不仅主导着社会的政治与精神生活，也从根本上决定了当地文化的发展水平与深度。经济基础与文化发展相互依存，共同构成了社会进步的双重动力。

马克思主义文化观的第一个特点是科学性。经济基础决定文化发展的方向与水平，而文化又反作用于经济，推动或制约生产力的进步。这种辩证关系体现了马克思主义文化观的科学

1　《马克思恩格斯文集》第 2 卷，人民出版社，2009，第 591 页。

性。马克思批判了黑格尔和费尔巴哈的文化思想，指出"全部社会生活本质上是实践的"，人们在现实生活的一切物质生产和精神生产影响着文化的生成、发展。先民们通过实践，将主体的创造力、生命力、领悟力投射到周边环境，文化的本质是人的本质力量的对象化。从某种意义上说，人类活动不仅是个体在改造自然的对象化活动中，持续地再生产"整个自然界"，进而扩展属人的对象化世界；还包含人在活动中"能动地、现实地复现自己"，以实现和提升自我的本质能力。文化，本身就是化人、化物相互促进、相互矛盾。从马克思主义哲学的意义上讲，经济基础决定上层建筑，由于文化属于上层建筑的范畴，因此经济基础与文化特性紧密相连。比如，中原地区厚重的农耕文化、手工技艺催生了"安土重迁""勤俭持家"等观念，游牧文化则强调"逐水草而居"的流动性与勇武精神。这些观念和价值取向直接源于不同生产方式对生存策略的要求。文化的创造主体是人，立足点是人，传承主体也是人。马克思主义文化观的逻辑起点是人的对象化活动。马克思主义文化观的逻辑是从人和自然的关系出发，源自人的对象化活动，明确了文化的本质是人本质力量的对象化。人是历史的创造者，人类的意识与动物的不同——通过不断地认识世界和改造世界，人类逐步超越了动物的自然发展，进入自觉发展阶段，创造了文化。现实的人在生产实践过程中不断改造客观世界，在这一实践过程中，自身的认识，即人的本质能力也不断得到提升。人离开动物越远，他们对自然界的影响就越带有经过事先思考的、有计划的、以事先知道的一定目标为取向的行为的特征，人与动物的区别越来越显现出来，形成了现实的人的思想意识。文化对现实的人影响很大，优秀传统文化对人的影响亦是如此，人在进行文化创造活动中受其影响。文化由人创造，服务于人。人类创造文化的社会实践活动决定了文化的立足点是现实的人。现实的人的存在并非在抽象、封闭环境下想象的结果，他们是源自一定的社会条件，且置身于现实的社会关系和历史进程中的活生生的人。

马克思对文化的内部结构进行过全面分析，把文化问题提升到了人类社会发展的层面。文化的产生和发展是一个社会历史过程，其对经济基础有一定依赖性。文化和经济的发展速度并不是同步的，文化还会对一定的经济基础起到能动作用。文化作为上层建筑，在适应经济基础的变化时具有不平衡性，其发展相较经济发展的速度而言表现出或快或慢的特点。文化是上层建筑的重要组成部分，同时也反映了社会意识形态。任意一个时代的认知都建立在时代客观发展条件的基础之上。人类意识是对客观世界的主观反映，其根本取决于客观世界的发展程度。客观世界的发展是哪一程度，人类的意识认知就与之相随到哪一程度。经济基础的稳固为文化事业的发展巩固地基，文化也反映着一定社会形态生产生活状况。反映社会生产生活状况也就意味着文化的发展受社会生活状况的影响。由此看来，对于文化的探究不应该只从其本身进行研究，需要从它反映的社会的生产力、生产关系以及社会形态、社会矛盾中入手。譬如探究晋东南地区优秀的传统村落文化在其传承过程中出现的问题，需要从其反映的社会生产力、生产关系以及社会形态中挖掘深层次的原因。

马克思主义文化观的第二个特点是实践性。马克思、恩格斯站在科学的唯物主义角度，把文化的产生、发展看作是现实的人的物质生产实践活动。文化的产生和发展提供了物质基础以及实践来源，反映着一定社会历史时期内人类社会生产力的整体发展水平，体现了人类意识作用于客观世界的对象化活动的结果。有意识的劳动生产创造了人的存在方式。人的存在以及人类社会的存在方式一直是马克思主义哲学的重要研究内容。以研究人的本质为基础，马克思在批判继承黑格尔辩证法的基础上，明确指出动物的生产只是按照"它所属的那个尺度"来完成，只有人是按照"美的规律"来构造生活。"动物只生产自身，而人在生产整个自然界。"同时，人是作为类存在的，"只有在社会中，人的自然的存在对他来说才是自己的人的存在，并且自然界对他来说才成为人"。实际上，人通过自由、自觉的劳动完成外在自然的对象化。从历史唯物主义的视角来看，劳动推动了人类社会的发展进步。"但这里的劳动不是个体的、孤立的，而是社会劳动。每一个个体的存在总是以类来确立的"[1]。文化是人的本质力量的对象化的结果，是全部人类社会历史生产实践活动的产物。人类的生产实践活动不仅生产了食物、衣服、房屋以及生产工具等"物质食粮"，同时也生产了思想、观念、道德等"精神食粮"。在整个人类社会能动的生产实践活动中，人把"他自身的类以及其他物的类"都当

---

[1] 高婧：《当代视域下的马克思剩余价值学说与人的全面发展》，《广西民族师范学院学报》2015 年第 3 期。

作自己意志和意识的对象，这种对象化的产物就是文化本身。马克思辩证地分析了文化发展与人类社会生产实践的关系。他指出，生产实践活动不仅能够决定和影响人类社会的文化发展，与此同时，文化的发展也能动地影响着整个人类社会的实践诉求。

在马克思看来，文化绝不是永恒不变的东西，而是随着社会存在的变化而不断发展的。文化是一个民族、国家的灵魂，是历史的传承、价值的延续创新和精神的承载。马克思主义实践论认为，社会存在决定社会意识，经济基础决定上层建筑。文化现象不是从来就有的，文化的产生与人类本身的产生与发展相伴相随、共生共存。文化不仅产生于人对自然的改造过程，而且是自然之物的转化形式。生存是生活与发展的基础，人类自发源起，就有了解决吃喝住穿的意识本性。只有当人类解决了最基本的生存问题之后，人类的关注点才会逐步转移到精神文化方面的需要，从而推动整个社会文化事业的发展。值得注意的是，经济基础决定上层建筑是历史唯物主义的立脚点，在上层建筑发展的过程中，经济基础起到的作用是决定性的。上层建筑具有相对独立性，即文化发展自身也具有其独立的发展规律，这也从另一方面肯定了上层建筑对经济基础的反作用，文化发展和经济发展并不完全同步。哲学以不同的形态出现，反映着时代的进步，彰显着人类文化的发展。文化独具的时代继承性，决定了每个时代的哲学延续着上一时代的哲学精华，并将其精华进行进一步改造加工。文化除了具有独特性，还具有时代性。每一个时代的文化都继承着上一个时代的文化精

华，在此基础上进一步思考传统村落文化传承的现实问题思路会更清晰。

马克思主义文化观的第三个特点是阶级性。马克思的文化观始终围绕着人自由而全面的发展展开，它集中反映了无产阶级广大人民群众的价值诉求，带有浓郁的阶级性特征。马克思详细区分了具体劳动和抽象劳动，阐述了抽象劳动作为社会生产的价值和作用，体现出以人为本的价值取向。以人为本就是把人的全面发展作为社会发展的终极目标。在马克思看来，人的全面发展就是"人以一种全面方式，也就是说，作为一个完整的人，占有自己的全面的本质"。所谓人的全面的方式，涉及人与自然、人与人、人与社会三个层次。在马克思看来，人的全面发展是通过解放和复原人的现实存在方式来实现。马克思剩余价值学说基于对异化劳动的考察，揭示社会生产造成人对"物"的依赖，物化的时代开启了人的异化。人的全面发展是和谐社会的价值追求，"天人合一"思想为"现实的人"走向"自由的人"提供了另一种思路——构建和谐社会是基于我国社会发展的现实抉择和对资本主义经济危机的反思。和谐社会，不仅仅是社会和谐，更是人自身的和谐、人与自然的和谐。"以人的全面发展为目的，以构建和谐社会为途径，探讨马克思剩余价值学说的时代内涵，联系人与人类的自由解放，从而推进人的全面发展进程。"[1]

文化发展的最终目的是实现人的自由全面发展。一方面，

1　高婧：《当代视域下的马克思剩余价值学说与人的全面发展》，《广西民族师范学院学报》2015 年第 3 期。

文化的创造主体和使用主体都是现实的人，文化发展的原动力也是来自人类的需求——表现为人类对自然有了需求，从而创造出物质性文化。另一方面，人类对自我个体的需求又进一步丰富了精神性文化。对此，马克思认为，人在本质上其实是"一切社会关系的总和"，这就决定了人类的需求是具有全面性的。因此，马克思指出的"培养社会的人的一切属性，并且把他作为具有尽可能丰富的属性和联系的人，因而具有尽可能广泛需要的人生产出来——把他作为尽可能完整的和全面的社会产品生产出来"，诠释了文化的本质就在于尽可能地培育全面发展的人。恩格斯又进一步指出：文化上的每一个进步，都是迈向自由的一步。他认为文化的发展和进步，其本质是为了实现人类的彻底解放。而要实现这一目的还需要一定的社会条件。一方面，人的自由全面发展需要以高度发达的社会生产力为基础。社会生产力的进一步提高是文化和人的发展的前提和动力，因此只有到了共产主义社会，消灭了私有制，才能实现人的生产力的解放。另一方面，马克思认为，要造就高度文明的人，其根本方法在于实践同文化教育相结合。即虽然个体可以通过劳动实践来实现自我的解放，但教育又是提升个体文化素养以及知识水平的重要方式，所以将二者结合能够进一步解放生产力，从而推动社会的进一步发展。关于个体是否能够得到真正的自由全面的发展，马克思认为，这还需要考察个体所处的社会生活是否能对个体的实际发展起到推动作用——如果这种推动作用能够提升个体的自我，那么，要实现人的自由全面发展就不会只是一个理想。通过这些论述我们可以看出，文化的主体以及目的都是人，其最高本质在于实现人的自由而全面的发展。

马克思指出：空间是一切生产和一切人类活动所需要的要素。在马克思主义产生之前，"空间""时间"或被唯心主义当作是感知者想象的产物，或被唯物主义认为是与物质相分离的独立个体。无论是唯心主义者抑或是唯物主义者，他们都把"空间"当成一种既不受事物影响，也不受感知方式影响的物理事实。更有甚者，把时间和空间绝对化。马克思主义哲学则创造性地将空间、时间、物质三者辩证地联系起来。"空间和时间也不是现象的简单形式，而是存在的客观实在形式"，时间和空间通过物质实现了联系。

东南大学李慧慧硕士在其学位论文《城市化背景下我国乡村文化空间塑造研究》中写道："时间、空间、物质规定了自然界的基本特征，与之类似的是，时间性、空间性、社会存在构成了人类社会和生存的具体方面。本体论意义上的空间构成了研究文化空间理论的基础，确证了文化空间的基本形式是一种物理空间，具有客观实在性。"人类社会空间包括"自然空间"和"人化的自然空间"即"社会关系空间"，人类社会包括"自在自然"和"人化自然"。"自在自然"具有"自在性"，相对于人类来说是外在的。当外在于人类的自然进入人类的实践活动中，"自在自然"就转变为"人化自然"，人的类本质决定了人不是简单的适应自然，而是要改造自然，使其打上人类的烙印，从而展现人的本质力量，并不断扩大"人化自然"的范围。在这种情况下，人们如果不结成一定的社会关系，就无法结合起来改造自然。

　　文化空间是指带有特定文化属性或鲜明文化内涵，承载着节日习俗、历史故事、传统生产等文化要素的地理空间。特定地理空间如果具有物质文化属性或者是非物质文化属性，便称之为文化空间。文化空间是传统村落空间的重要组成部分，在物质维度与精神维度上都彰显着传统村落特有的生命力。其中文化空间在时间性、空间性上都可以稳定传承村落中的传统文化要素，或是可以展现传统文化，兼具空间性与时间性。具体来讲，传统村落文化空间可以分为传统村落中的物质文化要素或非物质文化要素的空间。物质文化要素空间，是指在传统村落中具有独特文化内涵与价值的物理空间、地点场所，如自然环境、家祠庙宇、院落民居等。非物质文化要素空间，是指带特殊文化意义的并发生在特定场所、地点中的村民的行为活动，如祭祖敬神、庙会祈福、婚丧嫁娶等。坐落在碛口古镇以南黄土坡上的李家山古村，村南两沟之间的山峁形似一只凤凰，故称凤凰山，其被周边大大小小几十个山头环抱着，形成凝聚力较强的山谷空间。李家山村的建筑节点都位于空间转折的重要位置，如古村最上端、"凤头"最高点的核心节点"桂兰轩"，"凤身"最北端、"凤尾"悬崖边的"天官庙"。位于"凤凰右翼"西侧山坡上的"西财主院"，上层瓦房、下层箍窑，南北厢房相对，西侧为两层正房，东侧有一倒座，依山而建，明柱厦檐、硬山起脊。位于"凤身"之上、"凤脊"最南端的东财主院，向南可以眺望山谷，与"西财主院"交相辉映。相传东财主比西财主发家更早，东财主尚武、西财主崇文，两家均显赫一时、各有千秋。在传统古村中，庙宇和祠堂有着非常重要的作用。庙宇具有风水堪舆和精神寄托的双重作用。庙宇往往是群居聚落的边界，一般位于村落的东、西、南、北边。血缘是人类社会中最早、最原始的纽带，敬祭祖先可以加强宗族联系、团结宗族力量，意义非常重大。因而，祠堂是传统农耕社会中以家族血缘为纽带的聚落必不可少的公共建筑。在等级制度森严的封建社会，皇帝祭祖的宗庙称为太庙，官吏祭祖的地方称为家庙。明代之前，普通百姓只能在家里祭祀祖先，是为家祭；明代之后，允许百姓建家庙，是为祠堂。祠堂是村落日常生活的中心，处于村民精神意义上的最佳位置。比如，上庄古村的王氏先祠堂、王氏后祠堂、樊氏宗祠均砖雕彩绘、装饰精美，处处体现着传统文化中"营室必先营祠"的孝文化理念。需要注意的是，家族祠堂与寺院庙宇都属于公共建筑，大都为三合院形制，没有南房；但二者建筑特点、空间分布差异明显。前者位居村内，后者分布于城墙之外。比如，运城新绛的传统村落光村的福圣寺，位于村北城北路与村内通天巷的交叉路口旁，其布局属于典型的中轴对称，院落南高北低，前后四进院高低错落、疏密有致。前院窄而紧凑，后院宽而疏朗，宝殿古朴大气，景象幽深雅致，树木玲珑青翠。又如，晋城泽州西黄石古村最西端坐落着一座玉皇庙。庙宇呈长方形，四周环附着四个庙堂，中心庭院的围合感很强，村民来到这里，似可直接与神、天进行交流，体现出天人合一的营造思想。山西传统村落中较为常规的道教寺观是三官庙，又称三元庙，庙内供奉天地水三官，传说天官赐福、地官赦罪、水官解厄。村民们对三官的顶礼膜拜，主要是为了祈求"风调雨顺""国泰民安"。玉皇庙正殿两侧的山墙上悉数彩绘了"二十八星宿"壁画。诸仙神态各异、特征鲜明，或安详或愤怒或微笑或沉思，人神合一、衣饰艳丽，身边祥云缭绕，生动形象地反映出当时人们的审美情趣。总而言之，传统村落在漫长的历史中形成、发展，逐渐积淀形成地域特色鲜明的文化空间。从自然属性上看，文化空间是在一定地理场所上在场文化的呈现；从文化属性上来讲，文化空间有综合性、多样性、周期性等特点，它包容人类行为并体现时间观念。以马克思主义文化观视域观照文化空间：空间作为独特的客观存在，一方面影响着人们的行为；另一方面人把自身的情感表达、生活感受以特定的文化形式反映到具体的物质场所，从而丰富地域空间表达，让建筑营造变得更加有意义、有文化。

三、整合与活化：
在文化自信背景下的传统村落文化资源的开发与利用

文化是民族精神的基因，是人类生存的家园，是身份认同的标识。文化自信是一种主体心态，是一种价值诉求，也是一种精神力量，呈现为人类主观能动地在文化上完善自我、提升自我。云杉在《文化自觉 文化自信 文化自强——对繁荣发展中国特色社会主义文化的思考（中）》中指出："文化自信，是一个国家、一个民族、一个政党对自身文化价值的充分肯定，对自身文化生命力的坚定信念。"[1]文化自信，从本质上来讲是一种自觉的心理认同、坚定的信念和正确的文化心态。文化自信源自人们对民族文化的高度认同和强烈热爱。在文化发展和文化比较中，正确看待自己国家的文化，深刻理解自身文化的内涵，自觉认同本民族文化的价值，并对其生命力充满坚定信心，需要经过作为文化主体的人对客体文化的认知、批判、反思、比较及认同的过程。这一过程，可以帮助人们形成稳定的心理特征，进而传承优秀传统文化，笃信当代先进文化，坚定追求未来文化。

党的十八大以来，党中央始终把推进文化自信建设作为一项重要战略进行部署。党的十九大报告提出"文化自信是一个国家、一个民族发展中更基本、更深沉、更持久的力量"，号召全党要自觉地增强文化自信，并将文化自信和道路自信、理论自信、制度自信一起写进党章。党的二十大报告在"开辟马克思主义中国化时代化新境界"中指出，"坚持和发展马克思主义，必须同中华优秀传统文化相结合"，"必须坚持自信自立"，推进中国式现代化建设。

在持续推进文化建设的同时，国家高度重视传统村落文化遗产的保护利用。2013年12月23日，习近平总书记在中央农村工作会议上强调："农村是我国传统文明的发源地，乡土文化的根不能断，农村不能成为荒芜的农村、留守的农村、记忆中的故园。"传统村落在漫长的历史时期传承着中华文明生生不息

---

1 云杉：《文化自觉 文化自信 文化自强——对繁荣发展中国特色社会主义文化的思考（中）》《红旗文稿》2010年第16期。

的基因密码；现在，这个密码需要通过创造性转化和创新性发展激活其生命力。2015年1月20日，习近平总书记在洱海之畔考察已有两千多年历史的古生村时强调："新农村建设一定要走符合农村实际的路子，遵循乡村自身发展规律，充分体现农村特点，注意乡土味道，保留乡村风貌，留得住青山绿水，记得住乡愁。"党的十九大报告提出乡村振兴战略，就是要激发传统村落新活力，保护传承民族历史文化遗产，实现绿色可持续发展，建设美丽中国，增强民族自豪感，坚定文化自信。2019年9月16日，习近平总书记在大别山青龙岭山脚下考察有四百多年历史的田铺大塆时强调，发展乡村旅游不要搞大拆大建，要因地制宜、因势利导，把传统村落改造好、保护好。2024年初，中共中央国务院印发《中共中央　国务院关于学习运用"千村示范、万村整治"工程经验有力有效推进乡村全面振兴的意见》，强调要把推进乡村全面振兴作为新时代新征程"三农"工作的总抓手。综合以上所述，可以说在提倡文化自信的新时代语境下，伴随乡村振兴战略全方位、全过程、全要素的深入实施，人们越来越尊崇热爱、坚定弘扬优秀传统文化。作为传统优秀文化的重要组成部分，传承活态乡土文化，挖掘、继承、创新传统村落中的优秀传统文化和非物质文化遗产，成为社会各界普遍关注的热点问题。

山西历史文化源远流长，独特的地理自然环境孕育了一个个地域特色鲜明的传统村落。这些传统村落承载着厚重的历史文化，积淀着中华农耕文明的精髓，蕴含着三晋大地最久远的记忆。从地域分布数量来看，山西传统村落以沁河、丹河流域的晋城市为最多，几乎占到全省的三分之一，而且这里传统村落的营建规模、营造品质在全省乃至全国都称得上是精品。此区域传统村落以西文兴村、湘峪村、良户村等为代表。在晋中、临汾等汾河流域地区，晋商精神、大院文化内涵丰富。此区域传统村落以后沟村、夏门村、师家沟村等为代表。在黄河流经的吕梁、运城一带，传统村落以西湾村、李家山村、窦庄村等为代表。在阳泉、长治太行山一带，传统村落以小河村、光村、大周村等为代表。在山西北部内外长城周边的大同、朔州地区，传统村落以得胜古堡、新平堡村、旧广武村等为代表。从传统村落统计调查情况来看，2012年至2023年，国家政府相关部门已确定六批共计八千一百五十五个村落列入中国传统村落名录，其中包含山西省六百一十九个传统村落，国家对其实施国家层面的重点保护和修缮。从2012年起，山西省率先落实国家政策，启动加强传统村落保护工作，山西省住房和城乡建设厅先后出台保护传统村落各类相关政策及文件一百一十余个。同时，山西省结合自身实际，加大对传统村落保护的支持和宣传力度，持续做好传统村落调查与申报，2014年分两批评审认定二百八十六个具有重要保护价值的省级传统村落。2022年3月颁布施行《山西省传统村落保护条例》，为全省传统村落、历史建筑等保护管理工作提供了法律依据。

传统村落是重要的乡土记忆、文化遗产，它是自然人文与社会历史共同作用的结果；但随着经济快速发展、城市文化冲击、产业结构调整、城镇化转型以及人们生活方式的变化，传统村落社会结构解体，民风民俗湮没。多元化价值理念给传统价值观带来巨大冲击，对传统文化有深刻共情的人们广泛分布在农村，村民们对地域特色文化的深厚感情，是传统村落赓续发展的强大支撑，也是传统文化创新发展的活力源泉。由此，乡土记忆、乡土文化遗产、传统文化复兴、乡村文化振兴等被大家所热议。民众的身份认同刺激着主体性的回归，以现存的价值体系为自我定点、定向、定心成为不可回避的课题，而全球化"话语缺失"也唤起对个体存在的焦虑。随着市场经济快速发展，物质极大丰富，这导致人们的生存空间逐步受物质挤压，人们困顿的灵魂、膨胀的欲望、失落的信仰、错位的价值观导致人自身、人与物、人与他者、人与自然等的多重异化。思考人生存在的意义，寻求心灵休憩的家园成为当代人面临的最大问题。因此，从中华优秀传统文化中汲取智慧力量，以道家理念、儒学学说诠释人生，以思想重建信仰、重塑人格，发扬国学的价值，建构中国特色的学术思想意义重大。

诚然，现代人的生存际遇与古人全然不同，传统的书写方式、阅读视角在解构中建构。正是基于此，我们认为，优秀传统文化的丰富意蕴不仅是积淀的，而且是随着时代社会的发展逐步动态生成的。反观当下，文化与市场交融，经典与金钱混杂，价值与信仰偏移，断章取义、戏说历史随处可见。"国学热"体现了人们对传统文化的追求，而如雨后春笋般出现的私塾——行孔孟之礼，习儒家之意，求成才之学，却过度偏执于形式，学生根本没有习得孔孟之要领。所以说，民族精神的要义不是形式的趋同而是文脉的传承。现如今，寻找精神家园，守护失落的乡愁，已成为当代人共同的追求。人何以为人？许多学者尝试从不同角度来解读。从人的"遮蔽"、人的失落到人的发现、人的解放，人们反思文化现状，追问人的存在状态。可以说，人文精神是对"人"的现实存活状态的哲学思考。探究人的价值、追问人的存在意义一直是人文精神所关注的核心问题。从我国历史上看，从不缺乏对人的关怀；只是到了近代，缘于多种原因这种关怀出现了断裂。在民族存亡关头，在文化失落被视为时代的话语表征时，救心治世就成为一种空谈。时至今日，娱乐化、消费化、浅薄化正试图改变那些意志不坚定的人们的内心，他们用庸俗代替崇高、复制代替想象、审丑代替审美，让物欲横流、精神荒芜，让理想丧失、信仰失落，人的本真状态被搁置。因此，探究人生的真实意义和存在价值，也是重建现代人文精神亟待解决的问题。

文化是指对人的文治教化。文化由人创造，故而体现着人的知、情、意等意识状态。人的价值通过文化来实现，文化活动贯穿着浓郁的人文精神。现代文化激发出人的潜力，而劳动中人受物的奴役，促使人们去思考人和物的关系。当人在审视自我的存在意义时，人文精神何以实现重塑自然就引起人们的思考。关于人和物，或者说人与外在自然的关系，我国古人总是从人的视域来体察万物。从天人相分、天人相合到天人合一，汉代大儒董仲舒借助天人感应的图示，将宇宙万物与人的活动相关联，天有四时、年有四季、人有阴阳；因此，人和天是相合、相生的。同时，从一定意义上讲，人可以应和天之变化。比如，在张世英先生看来，人和自然的关系不是征服与被征服的关系，而是相通相融的关系。"和"作为中国文化精神中的审美范畴，即体现为人的力量、人的价值。

思考人生存在的意义，寻求心灵休憩的家园成为当代人面临的最大问题。人文精神不是固定的存在，而是一个动态的结构。因为，人的自我认识决定了如何实现人的价值，而对人的生命价值的思考总是通过具体途径实现的。海德格尔提出了"诗意地栖居在这个大地上"；冯友兰指出了"天地境界"；在比较研究中西方哲学思想的基础上，张世英提出了"澄明之境"。从主体的角度把握自然，同时又超越现实利害，人文精神包含道德意志，但又超越道德。具体来说，道德是规范，而人文精神体现为人超越一般生物属性和个体欲望表达，追求自由自在的存活状态。

现代文化的多元体系给人文精神提出挑战，现代人文精神的养成，需要文化的创新来实现，需要中国特色社会主义文化来保障。一国自有一国之文化，当前，人文精神都面临着文化的创新。现代文化生产带来了许多反人性的东西，劳动不再是手段而成为目的。在通往自由自在的道路上，人自我意识的客观存在，需要通过乡土文化的创新来实现。要弥补现代人文精神的缺失，既要避免对西方工具理性的过度依赖，更要纠正欲望驱动的生产的逻辑。就目前的具体情况而言，我们首先应该继承传统文化中的精华，大力弘扬国学，在灵与肉冲撞的时代持有一颗静谧之心。我们应该清醒地认识到，"国学热""热"的是汉服、私塾、传统仪礼，这其实反映的是对人文精神的片面化理解。要构建现代人文精神，首先对"国学""国学热"要有清醒的认识；没有这样的认识，人文精神就会成为无本之木、无源之水。其次要明确，人文精神不同于道德，它既离不开个人的努力，也离不开时代、社会的努力。人类精神世界的最好印证是社会的和谐程度以及人们求真、求善、求美的实现程度。

时下，城镇建设的持续推进改变着传统村落的空间结构布局。山西大多数传统村落位于山区，村落人口外出务工，村中劳动力减少，农田荒废较为严重。由于经济发展不足及生存压力等原因，山区森林、植被等被破坏的现象频发。此外，传统村落文化景观损坏也较为严重。一些不可抗拒因素对木构古建筑和古民居也形成了致命性的打击。在城镇化和新农村建设中，传统村落民居祠堂的修缮、改造加剧了建筑实体的损毁，部分历史建筑、文物古迹等遭刻画、涂污，甚至部分古建筑被推倒。而在经济利益的驱动下，部分村民将具有历史文化价值、文物价值的雕刻、典藏贩卖，造成传统村落文化的断裂和载体的缺失。由于一些古村年代久远，村民欠缺保护意识，很多民居建筑损毁甚至濒临倒塌，破败不堪。需要重点提醒的是，山西省非物质文化遗产流失速度正在加快——由于传统村落的消失导致很多村落文化式微。与发达地区对传统村落的保护措施相比较，山西省相对滞后，而传统的民间技艺、风俗等由于老艺人的离世、年轻人的转行等原因更是面临着极其严峻的传承挑战。市场化的背景下，非物质文化遗产的市场正在萎缩，甚至面临着消亡的境地。当然，这与解放初期地方政府对传统村落文化保护意识淡薄，非物质文化遗存得不到有效传承也有关。

在多元价值观念的冲击下，乡村的风气渐变，传统优良的价值取向出现偏离。村民对自身文化认同和保护传承的自觉意识不够，对民间技艺文化的保护传承重视不足，如一些地方剧种由于无人传承已面临困境。随着我国市场经济的发展，城市化规模和发展速度在不断提升，大量农村劳动力转移到城市，农村中从事农业劳动的人数减少，农村中剩余人口以老人和儿童为主，老龄化现象日益凸显。原有的村落格局被打破，许多村落面临合并、整体搬迁或区域移民，村落中房屋居住率较低，呈现空心村现象。人口的流动和骤减使村落文化保护和传承失去了活力和生气，这导致本土村落文化的稀释，乃至消失。

传统村落文化保护的根本症结在于文化主体——原住村民的角色缺位。在物质化浪潮冲击下，精神文化内涵的主动传承机制逐渐瓦解。文化主体性的消解不仅割裂了传统与现代的衔接通道，也影响着当地村民对本土建筑技艺、民俗仪典的价值判断力。文化传承的本质是价值认同的再生产，只有在日常生活中践行宗族礼法等文化符号，才能增强主体认知、唤醒集体记忆、激活文化自觉，真正让文化认同转化为价值共识。反之，当村民对宗族礼制、生态智慧等文化内核失去认同，古建筑便沦为待拆的砖瓦，节庆仪式便退化为商业展演，而人口外流就更会加速文化载体的空壳化。

山西传统村落作为黄河文明与晋商文化的重要载体，也正面临建筑坍塌、人口流失、文化断层等多重危机。破解这一困局的关键，在于激活深藏于黄土窑洞与晋商大院中的生存智慧，构建传统基因与现代需求的转化机制。将传统村落的地理空间转化为文化场域，可通过技术赋能推动从遗产到资源的质变。深入挖掘传统村落文化智慧，盘活传统文化资源，尽可能保留其原真性与完整性，需要进一步实地调查传统村落资源，挖掘、凝练村落的文化基因与地域特色。借用道家伦理、儒学思维诠释人生，探讨邻近村落的相互关联性，深化传统村落价值挖掘与认知研究，找准传统村落的文化谱系，把握传统村落文化的核心密码，厘清传统村落空间布局特点、载体和表达方式，探究各区域的村落历史发展的复合因素，积极建构传统村落文化基因谱系及保护利用理论与技术体系，从而延续传统村落文脉，让千年古村在现代化进程中重获生命力。以传统思想激活乡愁、重塑人格、赓续文化根脉，从而推进美丽乡村建设。要深刻认识到历史和文化的遗存会因为无知、无奈而变成一片瓦砾。旅游和文化的融合绝不是简单的叠加，它需要平衡市场和村民生存两方面的客观矛盾。从山西省传统村落发展的现状看，这个平衡点尚在寻找的过程中。

　　山西是中华民族最早的发祥地之一，早在旧石器时代就有人类在这里繁衍生息。这片土地上的先民们植五谷、饲六畜，勤劳节俭、艰苦奋斗，在漫漫的历史长河中孕育出灿烂辉煌的农耕文明。传统村落是传统中国的基石，历经数千年演进，逐步形成一个个生产、生活和传统文化相融合的有机整体，孕育、创造、传承和发展了多样的传统文化，造就了三晋特色的农耕文明。复杂多变的地域环境、独特的气候条件和特定的历史环境，导致山西省的传统村落种类繁多、历史厚重。位于沁水河畔的窦庄村，既是中国历史文化名村，也是国家级传统村落。

已有一千多年历史的晋城市良户村，是一座规模宏大、布局合理、极具特色的传统村落。这里有着明清丹河流域太行传统村落农耕商贾的祥和生活场景。良户村深刻反映出中国古代社会尊崇学而优则仕的观念。作为杂姓聚居的村落，村民们以农耕为本业，以经商起家，以读书做官为人生追求。近年来，在良户村"两委"的带领下，村民秉承保护与开发并重的原则，积极参与美丽乡村建设，持续改善生活环境和居住条件，充分发挥文化、古建资源优势，积极打造明清商业街、村西走廊等特色区域，开发文创产品，创新文旅形式，推出非物质文化遗产展示活动，为游客带来了丰富的旅游体验。走进良户村，仿佛踏入一幅细腻的工笔画卷，瞬时唤醒了历史记忆——古村正在打造一条完整的产业链。再有，作为历史文化名村和国家级传统村落的云丘山传统村落，其乡村旅游的发展带动了整个村落经济的发展。

此外，晋东南、晋西北地理环境特殊，不少传统村落分布于偏僻的山坳间，且经济发展相对较落后。当前的美丽乡村建设是推动传统村落文化保护和经济建设，协调城乡经济发展的有效途径。乡村振兴是传统村落文化保护与传承的加速器，为传统村落的文物保护、生态修复提供了重要支持，提供了政策制度保障。传统村落依托自然与历史人文资源，借力乡村振兴战略，通过文化教育、产业培育、技术创新等项目推动脱贫攻坚。随着相关措施的落实，传统村落经济发展水平持续提升，传统文化保护与村落建设成效显著。如悬空古村的保护与精准扶贫相结合就是一个成功案例。据新华社报道，2014年，悬空村有二十五户成为建档立卡贫困户。2016年，随着精准扶贫的深入开展，驻村工作队对村民实施精准帮扶，当地政府引资五千多万元，安装了太阳能路灯，翻新改造了村民住宅，旅游公路代替了以前的羊肠小道……悬空村现在已经成为一个网红景点。

　　文化是一个民族的精神和灵魂，文化自信基于人们对国家文化价值的充分认同。文化自信与传统村落文化的保护与传承存在联系。一方面，文化的存在依附于一定的空间物质载体，文化自信也来源于对传统村落文化的认同；另一方面，传统村落文化的保护与传承依托于文化自信，是其内在的价值诉求。一些学者注意到，乡村振兴战略为传统村落文化的传承与发展提出了新的要求，传统村落文化的传承与发展也为乡村振兴战略提供了精神准备。乡村振兴战略对于发展和传承地区文化产业有着十分重要的意义，而且新时期还需要通过深入挖掘传统村落文化的现代价值与时代价值去提振乡村振兴战略的文化自信与文化自觉。继承和发展传统村落文化，将为新时代的乡村全面振兴提供强大的精神动力。文化自信是传统村落文化保护与传承的动力和源泉。文化自信本质上是一种心理认同和精神信念，也是一种文化心态，其作为一种内在的精神支柱和重要的心理支撑是传承传统村落文化的内在精神力量，也是传承优秀传统村落文化的重要基础和条件。文化自信作为一种文化心态，其本质是对本土文化中长期生产生活实践中所接触并内化为集体意识观念的物质与非物质文化内容的肯定与认同。山西传统村落文化资源丰富，其文化保护与传承的动力，很大程度上源于人们对地域文化的强烈认同和由此而带来的归属感。这种文化认同既构成了传承的精神支撑，又内化为具体的保护行动力。因此我们可以认为，社会大众对文化的自觉认同和自信来源于生产和生活，人们只有在社会生产中才会逐渐产生共鸣。

文化自信是传统村落文化保护与传承的内在要求。传统村落作为农耕文明的源点，是维系中华民族精神的纽带，蕴藏着独特的历史文化记忆，是历史文化的鲜活载体。文化自信作为一种心理认同和精神信念，依托于特定的物质载体；而文化的保护与传承在实践过程中与文化自信相互促进、和谐共生。近年来，山西省深入贯彻落实习近平总书记视察山西重要讲话、重要指示精神，坚定文化自信，挖掘文化资源，用好文化富矿，不断迈出新步伐，取得了新成效。比如，拥有五千年历史文化的新绛县光村，文化遗产丰富多样：石铲陶片、澄泥奇砚、木版年画、绛州鼓乐、绛州面塑、民间剪纸等，俯拾皆是，传承有序。光村人恪守祖训，德孝传家，以耕读为本，明礼守信、崇文尚艺，气蕴古今而文脉绵延。悠久的历史、厚重的文化、精美的建筑、登峰造极的技艺，共同构成了光村如诗般的画卷。我们必须坚定文化自信，并以高度的文化自觉，切实担负起文化保护与传承的历史责任。尤其是在经济全球化和西方意识形态渗透的时代背景下，我们要深刻认识到：树立和增强文化自信关系着国家和民族文化的生存和发展；而切实保护和传承传统村落文化，筑牢中华民族文化的根基，这既是文化自信的源泉所在，也是新时代增强文化自信的必然要求。

作为中华优秀传统文化的重要载体，传统村落文化的保护与发展不仅关乎优秀传统文化的传承和民族精神的弘扬，更关系到民族文化自信的培育。其中，强化村民家国情怀、引导外出务工人员回归乡土具有特殊意义。家国情怀以共同体意识和仁爱精神为核心，是民族文化和民族精神的集中体现。只有当对乡土文化的认同和文化传承的自觉上升为文化自信，才能真正培育出家国情怀。这种情怀既是个体文化认同与归属的体现，也是吸引乡贤回归的情感纽带，更是精神文明建设的重要内涵。在当前社会转型和城镇化快速推进的背景下，家国情怀的文化价值面临严峻挑战。强化家国情怀，既是构建文明社会的内在要求，也是促进民族团结、凝聚民心的重要保障。因此，应当积极鼓励和引导乡贤回归乡土，充分发挥其家国情怀在传统村落文化保护中的重要作用。

"耕读"作为农耕文化的具体实践形式，既是传统知识分子的生存发展方式，也是中华文明的重要传承载体。耕读文化不仅体现了我国农业社会的价值理念，更与乡规民约共同构成了村落文化的核心内涵，是社会文明进步的重要标志。家规家训作为人们在长期社会实践中形成的价值共识和行为规范，在约束个体行为、促进乡村治理方面发挥着不可替代的作用。家规家训是人们在社会生产生活中约定俗成的、具有共同价值取向的社会规则规范，约束人们的行为，其在乡村治理和村落建设方面具有不可忽视的作用。在当前经济社会快速发展的背景下，面对多元文化的碰撞与交融，我们更需要重新审视农耕文明的时代价值。农耕文化的保护与传承，不仅关乎文化多样性的存续，更是维系民族文化根脉的必然要求。

文明的继承需要不断挖掘文化的内在价值，创新其表现和表达方式。稷山县的马跑泉村，村中央有两株已上千岁的古槐，依山而建、阶梯式分布的古老房屋，或高或矮，隐没在树林里，五颜六色的山花点缀其间，远远望去，犹如一幅浓墨重彩的山水画。走进院落，随处可见的石碾石磙、犁耧耙耱等传统老式工具、用具，构成了一幅美丽的乡村图景。位于平遥古城南十五公里的横坡村，也拥有上千年的悠久历史。整个古村依山而建，村里道教、佛教建筑古迹及明清时期的古院落众多。尤其明清时期的窑洞古院落保存完好，充分展现了黄土高原丘陵山区土窑洞的特色。近年来，横坡村筹建了农耕文化博物馆，开办了采用传统工艺进行生产的绿色油坊、粉坊、豆腐坊，面向社会大众展示、宣传农耕文化的内容，让游客们沉浸式感受古老的农耕文明，加深对乡村文化的了解。

文化资源与客观存在的自然资源不同，它是人们在社会实践中生产的带有文化烙印的物质和精神的产品，具有传承性、地域性、共享性和可利用性，它凝结着人们最原始的记忆。原住村民对本土文化资源的认知、认同是增强文化自信的源头。传统村落的村落规划、街巷布局、宅院结构、景观营造以及生活习俗、民间故事、庆典仪式等等互构而成独具魅力的"文化景观"，它们是人类社会发展变迁的"活化石"。用心用情倾听历史的回音，是为了更好地唱响新时代的赞歌。盘活传统村落文化资源是焕发村落生机活力，实现乡村振兴的有效手段。

传统村落中的文化资源包括历史文物遗迹、自然生态景观、人文记载记录方式及传统民俗技艺等。因此，增强对文化资源的认同，留住美丽乡村记忆既是增强文化自信的需要，也是保护和传承传统村落文化的重要内容。山西传统村落数量众多，其独特的地理环境不仅孕育出了边塞文化、中原文化、长城文化等多样地域文化，更积淀有八路军转战太行的红色文化。掩映在巍巍太行、莽莽吕梁、滔滔汾河之间的一座座传统村落，以物质结构、非物质形态承载着文化记忆。世代生活在传统村落里的村民，通过对共同过往的回忆、对生存环境的依恋、对传统风尚的践行，建构起对传统村落强烈的情感认同和价值皈依。

村落里的古槐、老屋、巷道、家祠、庙宇以及传说故事、民俗庆典链接着村民的家园归属、历史感知和身份辨认。原住村民以在场的方式守护传统村落文化遗产，既是对"辉煌家族历史"的自信自豪，更是对日常生活实践的理性审视。以平顺西社村为例，当地村民口耳相传曹氏先祖为三国时期曹操的亲族，曹氏后人效法祖先之德，或务农或经商或为官，致善行、守义举，扶危济困，深受赞誉。从原住民言辞恳切的讲述中，能真切感受到曹氏族人对宗族文化的高度认可，以及他们同心同德、为国为民的精神内核。近年来，山西省深入贯彻落实习近平总书记关于山西工作的重要讲话重要指示精神，统筹做好传统村落活化利用这篇大文章，挖掘地域文化亮点，运用新媒体技术手段，开展非遗文化体验、沉浸式实景演艺、文旅微短剧录播等活动；同时，贯通黄河、长城、太行三个一号旅游公路，将公路沿线的传统村落串珠成链，齐抓共建，通过技术手段创新表达方式，活化传统村落优秀文化元素，从而在保护、创新传统村落文化资源的过程中留存乡村记忆、唤起乡愁情怀。

横向来看，山西乡土建筑、自然景观别具一格，院落屋舍、斗拱门窗等既是展现山西古建筑文化特色的载体，更是凝聚美丽乡村记忆的载体。总体来看，传统村落建筑分为公共区域建筑和民居私人建筑。从装饰风格、内容等来看，宗庙祠堂等公共建筑装饰手法古朴自然、造型简约，很好地体现了天人合一的理念；民居建筑装饰精致、题材丰富、寓意美好。无论是门窗、梁柱、影壁、屋脊，还是柱础、铺首、匾额，均图案精美，感染力较强，可从中看出人们对生活的美好祝福和憧憬。在城乡二元社会结构下，受城乡文化发展失衡与乡村文化基础设施建设薄弱的影响，村民普遍缺乏文化保护和传承的主体意识。通过收集、整理、提炼传统村落装饰艺术风格，不仅可以延伸和深化村民审美认知，更能激发村民自觉参与传统村落保护的内生动力——从细节感知到审美体验，提升对传统艺术魅力的领悟力，为美丽乡村的建设拓展路径。

文化折射着历史，牵系着未来。中华优秀传统文化是中华民族赓续前行的重要动力，是滋养心灵、涵育新人、引领风尚的价值导向。山西传统村落传承着中华优秀传统文化的民族精神，蕴藏着丰富的历史文化和地域自然资源，契合着济世安民、睦邻友善、守望相助的家国情怀。散落在传统村落里的文化智慧，影响着该区域的精神文明建设和美丽乡村建设。以上庄村为例，村中最大的建筑人称"天官王府"——王国光的府邸，它是村人的骄傲。据史料记载，王国光从政四十余年，官至吏部尚书，他忠君恤民、除弊革新、清廉有为，是明代杰出的政治家和改革家。可以说，王国光其人其事光耀门楣、激励后人。他倡导读书育人，以功名兴家，这种积极向上向善的家风文化至今依旧被人们所认同、所传承。然而"昔日文化名村，今朝些许落寞"！上庄村与王氏家族的兴衰与明清社会变革密切相关。正如著名社会学家费孝通先生所指出的，差序格局影响和冲击着传统村落的家庭结构和观念形态。现代化的文化思潮和改革浪潮挤压着传统村落的发展空间，建筑老化风化、院墙破败坍塌，原本和谐静谧、恬淡舒适的空间秩序正在遭受破坏，而原住村民的减少又导致文化传承的断裂。因此，要遏制传统村落的衰落，摆脱发展的困境，必须要充分调动村民参与的热度、创新的力度，也要发挥政策导向性、激励性作用，科学规划文化产业，建立村级民俗博物馆，利用数字化新媒体宣传平台进行宣传，凸显非遗传承者的主体作用，进而盘活传统村落历史文化资源。

　　文化只有在不断地交流中才得以弘扬、传播，才能展现生命与活力。山西传统村落文化丰富多样，展现了三晋传统村落独有的魅力。在文化自信的视域下，山西传统村落的文化保护需要文化自信的加持。只有重视文化自觉与自信，才能提高文化保护意识，才能实现文化保护与传承的目标。2022年5月，山西省非物质文化遗产保护中心与山西师范大学联合实施"山西非遗青年行"社会实践系列活动。该活动以山西省境内的传统手工技艺类项目为重点，用新手段宣传传播非遗项目和传承人；让学生和传承人深度对接，培养潜在项目传承人；推动产学研协同发展，为学生提供定向就业机会，构建起"实践调研+项目宣介+课题研究+创新创业+传承传播"的全方位实践机制。该项社会实践系列活动入选2024年度亚太地区"非物质文化遗产促进可持续发展"案例。

打造美丽乡村必须建立在发现美、形成美的基础之上，实现人与自然、村庄三者和谐发展的状态。因为传统村落的保护和利用是一项涉及经济、社会、文化等诸多领域的系统工程，会受到诸多外部客观条件的影响和制约。山西共有中国历史文化名镇名村一百一十一个，数量居全国第一；有中国传统村落六百一十九个，数量居我国北方省份第一。近年来，山西省相关部门始终把传统村落保护发展工作作为历史文化保护和传承的重要抓手，持续抓好这项树德工程、文化工程和民生工程，对这些散落在三晋大地的文化瑰宝"应保尽保"，张壁古堡、西文兴村、娘子关村等一个个传统村落在实现振兴发展的道路上焕发出新的生机。位于介休市龙凤镇的张壁古堡始建于十六国时期，是中国历史文化名村、中国传统村落、中国十大魅力名镇，中国民间文艺家协会名誉主席冯骥才称其为"被历史遗忘的聚宝盆"。走进村落，仿佛进入了一个巨大的迷宫。高高的堡墙、错综的街巷以及万余米长的地道，展现了先辈匠人的智慧，诉说着古村千年发展的历史。介休人郑广

根是张壁古堡文化研究的推进者、发掘者和义务解说员。在他看来，张壁古堡的建筑融军事、居住、生产、宗教活动等功用为一体，又有着隋唐地道、金代墓葬、元代戏台、明清民居等许多文物古迹，是国内罕见的保存完好的明清军事微缩城堡典范。近年来，张壁古堡深度挖掘传统体育文化资源，以张壁古堡少林禅弓射箭比赛为核心，大力开展全民健身体育运动，并依托丰富的历史文化和独特的军事地道资源，开发出以传统文化和古代屯兵场所为主题的研学课程，涉及无线电、拓碑、布老虎缝制等内容，吸引了来自全国各地的研学游客。如今，随着科技的进步与创新，张壁古堡推出国内首例大空间混合现实沉浸式互动体验项目《沉睡的古堡》——其入围2024年度金鸡VR影展。在这里，体验者可以感受到人与人、人与虚拟角色、人与环境等多重互动的乐趣，仿佛置身于一个奇幻的童话世界。

位于山西省晋城市沁水县土沃乡的西文兴村，坐落于台地之上，柳氏家族世代生活在此。村中现存有虞帝庙、文昌阁、牌坊和几组完整院落。著名的柳氏民居为"四大八小式"建筑格局，其结构严谨、布局讲究、装饰精美，吴道子的图刻、师荆浩的画碑，堪称国宝。据统计，西文兴村至今还生活着五十余户二百多位柳氏后人，他们堪称研究三晋名门望族的"活化石"。柳氏后人作为传统村落文化的承载者、文物古迹的守护者、乡村振兴的实施者，在努力提升村容村貌、改善人居环境的同时，还不断丰富乡村旅游业态，以期打造村级"全域游"，激活"美丽经济"。他们依托丰富的历史文化遗存，以创建省级乡村振兴示范村为契机，一期规划建设了七座民宿院落，将整个村子打造成为历史遗产保护完善的高端民宿乡村旅游示范村落。现今，村里有许多家农家乐、民宿、小吃店，越来越多的村民搭上"旅游快车"，旅游产业发展得红红火火。文明乡风在西文兴村劲吹，这座古老的村落正以崭新面貌开启新的征程。

以文促旅、以旅彰文。近年来，为推动文旅产业高质量融合发展，助力乡村振兴，娘子关村深挖水乡村落、关隘长城、红色军旅、民俗传统等文化资源，举办了娘子关文化旅游产品交流会、文化旅游艺术节、非遗文化展览等活动，有力地拉动了当地的旅游消费，先后被评为山西省首批历史文化名镇、第八批中国华侨国际文化交流基地。娘子关村党支部书记杨文宝介绍："从2016年村里大力发展旅游到现在，已经有一百多人返乡创业就业，他们占全村常住人口的十分之一。返乡的人中很多是年轻人，他们正成为娘子关村发展的新生力量。"当我们漫步在蜿蜒的乡间古道，放眼望去，水磨、水碾、水冲木轮，石头垒砌的房舍、高墙、城楼，为村子增添了历史厚重感。独具魅力的长城关隘文化、风韵独特的水乡村落文化和丰富多彩的民俗传统文化，使娘子关村名扬天下。

传统村落因其古老的建筑而出彩，还因其承载的中华优秀传统文化而独特。在传统村落的发展模式中，保护是内核，传承是根本，发展是关键。为了让沉睡的传统村落文化"活起来、亮起来"，就要将传统村落资源由"静态保护"向"活化利用"升级。以郭峪村为代表的传统村落，整合原有资源，打造"山与谷"家庭特色民宿，统一改造提标、统一平台运营，让游客留下来、住得好。这不仅实现了传统村落资源保护与利用的良性循环，更让文旅产业提档升级且火起来。各地政府纷纷打出诸如"住古院、品古宴、游古村"的招牌，通过对传统村落进行修旧如旧的改造，在保持原有面貌的基础上，将曾经破败的院落打造成为独具特色的高端民宿，使其焕发出新的生机。

第五章　山西传统村落文化资源的育人价值

　　村落是人类社会聚落的单位，也是中国农耕文明的根基。从传统村落相关资料来分析，我国现存传统村落大多是从明清延续而来，也有的形成于唐宋时期，甚至是更为久远的历史时期。山西传统村落的形成时间比较早。比如，依据出土文物特征来分析，人类聚居光村从仰韶文化时期就开始了。古人通常在房前屋后种植槐树，依据对槐树树龄的检测，人们推断大阳泉村有可能形成于唐代。根据村中碑文及相关历史资料推测，西黄石村、上庄村等有可能形成于宋朝时期。传统村落由原始聚落发展而来，以宗法血缘为体系，聚族而居。战国时期，其基本功能开始形成；秦汉时，成为行政组织载体；魏晋南北朝时，为税收基本单位；唐朝，乡村之制趋于完备；宋元，以人户数量编制村落；明清时期，实现了行政系统与地缘村落系统的融合。在人类社会的漫长历史时期，传统村落以经济、血缘、文化等为传承体系，成为融人类居住、生产生活、防御管理、祭祀信仰功用为一体的社会基本单位。

　　2012年9月，经传统村落保护和发展专家委员会决议，将"古村落"更名为"传统村落"，主要用来指聚落形成历史悠久，蕴含传统资源丰富，并在历史、文化、科学、艺术、社会、经济等方面具有一定价值的村落。传统村落是我国农耕文明历史进程的"真实缩影"。它既含有物质文化遗产也含有非物质文化遗产，是一个独特的整体，在长期的生产与生活中动态发展，并以一种具有重大价值意义的活态方式传承下来。费孝通先生说："中国社会是乡土性的"，而"乡土社区的单位是村落"[1]。传统村落具有丰富的历史文化景观，它包含历史进程中留下来的古建筑、传统文化以及村落的格局，这些都是人与自然和谐共生理念的外在表现，包含着多姿多彩的文化资源，是农耕文明给我们留下的最大的遗产。我们可以从延续发展的历史进程中去理解传统文化过去、现在与将来之间的关系。

总之，传统村落记载着我国农耕时代丰富且宝贵的历史文化信息，是中华文明的发祥地、承载地，也是中华优秀传统文化基因的渊薮所在。守望相助的邻里关系、互助共济的村规民约、宗族组织的治理作用、多元共生的信仰体系，塑造着村民人格特征，守护着中华传统美德，承载着伟大民族精神，是立德树人、铸魂育人的精神滋养，更是当今社会信仰缺乏、道德滑坡的拯济良方。我们可以通过"润物细无声"的教化，确立信仰、重铸价值，精进人的情操，鼓舞青年自我磨炼、向上向善。

一、地域文化资源的育人优势研究

地域，既指由自然地理环境所构成的特定空间，又指具体

1　费孝通：《乡土中国》，人民出版社，2015，第5页、第26页。

地理区域所产生的经济、政治、文化等人化自然，还可以看作是以自然地理空间为基础的人文历史空间。吴良镛指出，地域既是一个相对独立的文化单元，也是一个活跃的经济载体，更是一个人文区域，每一个区域都存在着深层次的文化差异。文化是指仰观天文、俯察地理，化成天下、教化于人所产生的一切精神性、社会性的活动和成果。葛剑雄教授认为，地域文化"最能够体现一个空间范围内有特点的文化类型"[1]，它最大的特点是方言与文化心态的差异，除此之外还包括民间日常饮食习惯、民居宗庙公共建筑、婚丧嫁娶习俗和民间信仰的差异。概括言之，地域文化是"地域"与"文化"的有机统一。广义上讲，地域文化是指一定地理空间呈现出的具有鲜明特色的物质文化和精神文化；狭义上讲，地域文化是指特定区域内"人化自然"与"自然人化"相互影响、相互作用所产生并一直延续到今天的传统文化形态。地域文化以地理空间为基础，以历史传统为主线，以建筑景观为载体，以文化标识为特征，塑造着人们认同的行为模式和思维模式。天时、地利、人和是地域文化产生的根基，地域文化内在的稳定性、亲缘性、潜在性是其传承的依托，而地理位置、生产方式、民风民俗是导致地域文化差异的因素。可以说，地域文化不仅与地域密不可分，而且与文化息息相关。不同的地域形成不同的风貌，反映出的是风格迥异的文化和社会面貌。作为跨学科研究范式，地域文化研究贯通了人类学、地理学、历史学、社会学等诸多学科的研

1　葛剑雄：《中国的地域文化》，《贵州文史丛刊》2012年第2期。

究领域，虽然不同学科的视角不同、范畴不同，却共同呈现出综合性、融合性、交叉性的理论特征。用这一开放性的学术视域去审视山西传统村落，我们发现，随着时代的变化和历史的变迁，它们已经凝练为现如今特色鲜明、种类繁多的地域文化景观体系。

从地域概念上讲，山西古称"晋"，春秋时晋国三大贵族韩、赵、魏分裂晋国，史称"三家分晋"。从省级行政区来说，"山西"这一称谓在明代正式确立，后一直沿用至今。山西地域文化就是指在山西这一地域内的文化形态。山西的地理版图形似一片桃叶，平均海拔一千米左右，四百多公里的太行山、三百多公里的吕梁山横亘东西两侧，黄河一路向东绕过河套地区又向南流经偏关的老牛湾，奔腾而下，穿越秦晋峡谷，到三门峡后转向东流，横贯华北平原，最后流向大海。山西省境内有一千多条河流，流经六市三十四县的汾河是黄河第二大支流，穿越忻州、晋中、临汾、运城四大盆地后从河津市汇入黄河。由于东西边缘有山脉环绕，山西气候呈现为温带大陆性季风气候，但晋南、晋北地区气候差异明显，而且日温差也比较大。

中华文明上下五千年，在长达三千多年的时间里，黄河流域一直是全国政治、经济和文化的中心。究其原因，先民们生产力水平低，往往择水而居，黄河沿岸水文地质、气候环境适宜，茂密的森林馈赠给先民们充足的生存资源。山西地处黄河中游，滔滔河水从偏关老牛湾进入，从北向南奔流九百六十五公里，依次流经忻州、吕梁、临汾、运城四市十九个县，然后从垣曲碾盘沟出山西入河南。回望历史，早在一百八十万年前，黄河左侧的西侯度就燃起了第一把火；十万年前，早于北京人的智人已在丁村生活；而陶寺遗址显现的却是四千三百年前早期中国"文明"的"前夜"。中华先民在征服自然、改造自然的过程中，创造出一个个古朴唯美、奇思妙想的神话故事。这些故事不仅反映了广阔的社会生活，也承载着先民们对世界的理解：它们既解释自然现象、传承宗教信仰，又寄托生活愿景、折射民风民俗。晋南流传着"女娲造人""后稷教稼""大禹治水""嫘祖养蚕"等感生神话，晋东南地区流传着"炎帝植谷""精卫填海""愚公移山""丹朱送宝"等英雄神话。起源于黄河流域的众多神话故事，承载着古老的历史记忆和质朴的民族情感，能够让人们找到强烈的文化归属感和认同感。比如，太行山区的传统村落广泛分布着女娲庙（娲皇宫），运城地区有后土祠、稷王庙、舜帝陵等。甚至一些地名都与神话人物密切相关，相传黄帝得风后于解州，风后能征善战，协助黄帝征战四方，死后被葬于黄河岸边，之后这里被称为风陵渡。"文化通过宗教、文艺、价值观念等方式，给人类生存提供信仰和道德，最终成为社会的风尚和时代的标的。"[1]在历史的长河里，这些著名的神话人物自强不息、舍生取义的精神品质陶冶、净化着三晋儿女的心灵，鼓舞、提振着不懈奋斗的民族精神。

　　黄河流域是中华传统文化的核心区域，其文化是中华优秀

1　唐立新：《丹尼尔·贝尔的思想路径与文化批判》，《云梦学刊》2014 年第 5 期。

传统文化的典型代表，更是增强民族自信心、自豪感的重要文化资源。黄河流域拥有丰富的文化资源，这其中就包含沿岸传统村落先民繁衍生息的生存智慧和价值观念。当代新儒家的代表人物梁漱溟先生认为："中国文化是以乡村为本，以乡村为重；所以中国文化的根就是乡村。"[1]"返本开新"是当代新儒家的文化立场和哲学态度，守正创新是建设文化强国的根本遵循和实践指引。传统村落里的老物件、旧建筑是可以摸得着、看得到的物质形态，而那些旧习俗、老观念却是可以感受到、感悟到的思想意识。实施乡村振兴重大战略以来，进一步明确了挖掘继承传统村落文化的重要意义和重要路径，提出要增强传统村落原住村民的文化认同与文化自觉，要深刻认识到村民是传统村落文化的创造者、见证者，也是重要的维护者和宣传者。黄河流域是黄河文明核心地带，传承和发展好传统村落文化对于建设美丽乡村、推动沿黄地区经济高质量发展具有积极的现实意义。为此，要发挥地方政府的主导作用和传统村落村民的主体作用，持续筑牢中华优秀传统文化的思想根基，不断激活传统村落文化空间和文化产业振兴的能力。

地域文化指的是在特定的区域内，经过长期发展而传承下来的具有特色的文化传统，至今仍被特定区域的人们所沿用的文化。中国历史上出现过很多聚落型文化，它们相互渗透、相互影响，形成了如今辉煌灿烂的中华文化。传统村落地域文化散

1　《梁漱溟全集》第 1 卷，山东人民出版社，1989，第 612 页。

见在各种各类传说故事、文物遗址、自然景观、建筑技艺、民风民俗、生活习惯、神庙信仰等中。传统村落得以传承久远的文化底蕴就源自地域文化。地域文化具有相对独立性、历史承接性、形态复合性、结构差异性等特点。在漫长的村落集聚发展过程中，地域文化通过物质实体展现出来，传统村落的盛衰几乎与地域文化的发展同步进行。历史上山西农耕文明比较发达，安土重迁的文化观念根深蒂固，形成了相对独立、特色各异的文化形态。

山西地域文化历史悠久、内涵丰富。受生存环境和地形特点的制约，早在旧石器时代，南北即呈现出不同的文化形态：南部族群以采集业为主，发展出农耕文化；北部族群以狩猎为生，发展出游牧文化。神话，作为先民认识和理解世界和自我的方式，蕴含着博大精深的民族精神。刘毓庆先生将中国神话传说分成两个系统，其中重要一支就是以晋东南、晋南向外扩散的太行太岳神话系统。山西文化按地域可分为：以后稷教民稼穑为代表的农耕文化，以黄帝与蚩尤部落"涿鹿之战"为代表的战争文化，以"尧舜禹三皇禅让"为代表的圣君文化，以"精卫填海""夸父逐日"为代表的改造自然文化，以伏羲女娲传说为代表的始祖文化。就地理环境而言，山西大多数传统村落都是依山面水而建。村落选址讲究风水理论，最理想的村落周边环境是山环水抱，地势相对平坦。具体说就是，后有背山称玄武、左有小山为青龙、右有小山成白虎、前有矮山是朱雀，古村周边山峦环卫，村前要有一条溪流蜿蜒流淌。山脉与河流是村落的天然屏障，有了它们，适宜耕种的温度和湿度就有了保障；不仅如此，它们还为村民的生产生活提供了必要的资源，很好地满足了人们的需求。大多数传统村落，从空间布局上讲，整体布局紧凑——民以食为天，聚落尽量不占用耕地；从街巷形态上说，等级明确，巷道形式丰富、宽窄不一，有T形、十字形、L形、错开的十字形，街巷交汇点周边往往成为人们休闲聊天、举行庆典等的公共场所。地域空间界限是客观存在的。受地理环境、历史文化、社会政治等因素的影响制约，一定地域范围内的传统村落呈现出一些相似的特征，如村落选址、总体布局、空间肌理、公共空间、院落构成、房屋营造、装饰艺术等方面趋于同一。

三晋大地表里山河，自古为畿辅屏藩。山西地势复杂多变，不同的地理因素造成村落不同的营造方式、居住类别，不同的地理环境形成人与人、人与自然的不同相处方式。山西一方面受天然山脉和自然水系的分割，另一方面受经济、政治、文化等的阻隔，形成了内涵丰富、形态多样、结构清晰的地域文化。其基于区域视角可分为：晋东南上党地区的堡寨文化，晋西黄土高原的两黄文化，晋南临汾、运城、河东地区的耕读文化，晋北雁门关以北的边塞、佛教文化。

晋东南地区古称上党，据东汉刘熙所著《释名》记载："党，所也，在山上，其所最高，故曰上党也。"一般认为，"古上党"包括沁州、泽州、潞州三州，历史上朝代更迭，地域名称亦有变化，但主要是指现今长治和晋城两地。自春秋战国时期起，上党就是山西腹地与中原地区联系的交通要道，秦汉时期就设立了上党郡。这一区域以盆地、丘陵、山地、河谷地形为主，山地居多。太行山由南向北贯穿晋东南地区，平均海拔高度约为一千二百米，山势险峻、层峦叠嶂，因控扼晋豫之咽喉，自古是兵家必争之地。据史料记载，战国时期著名的长平之战便发生于此。上党地区气候适宜、雨量充沛、四季分明，是典型的大陆性气候，也是山西省气候最为温和的地区。区域内自然资源丰富，手工业发达。明代，这里的丝绸和煤铁业闻名世界，远销海内外。太行八陉是古代重要的交通驿道，许多传统村落就分布在官道上。这些传统村落大多在山中布局，依托山体走势、河流走向营建村落。比较有代表性的堡寨古村有窦庄村、上庄村、湘峪村、郭峪村等。

传说上古时期"舜耕历山"，沁水流域自古以来农耕文明发达，据光绪七年《沁水县志》记载，周文王第十六子原封于此地。除了农业以外，沁水流域还有丰富的煤铁资源及因此而兴盛的手工业和冶炼业，雄厚的物质资源孕育了璀璨的地域文化。窦庄村是众多传统村落当中较大的一个古堡式村落，村落西南背靠山脉，东北有沁河自北向南从中流过，东南方向细长、西北方向宽大，整个村落形似一只乌龟；兼之村前有一条沁河的支流灰泉沟，由此构成风水理论中的"金龟探水势"。山肥水美、风光旖旎。根据《窦氏家谱》记载，窦氏族人是因先祖窦贞固"宦不返流"，才在宋朝时期由陕西扶风迁居于窦庄村。因而与一般传统村落形成的情形不同，窦庄村不是随着人口、房屋增多而慢慢扩大的；而是在迁徙之前，重视风水且富贵显赫的窦氏先祖先根据八卦卦象在乾、坤、坎、离四个方向上定位建宅，圈定古堡范围后才在四个方向设门。古堡从宋

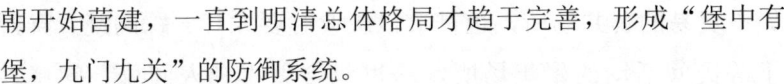

朝开始营建，一直到明清总体格局才趋于完善，形成"堡中有堡，九门九关"的防御系统。

晋东南堡寨聚落多穿插在军事要塞之间，集防御、居住、生活功用于一体，它们守望相助，发挥着不可替代的基层自卫作用。堡寨的修建，既受地势地貌，如临山、临河或沟壑丛生等的影响，也离不开村落官绅、商贾雄厚实力的支持。据史料记载，明朝时期大司马张五典告老还乡后，历时九年精心修建窦庄城堡。明末清初，战火不熄，天灾频发，郭峪村中巨富王重新捐资七千余两修建郭峪城。

堡寨聚落形态的发展与中国古代社会的发展一样，具有稳定中的渐变特性，它深受当时社会政治、经济、文化及战争等因素的影响，具有渐进性、延续性和边界性。看似被层层边界包裹的聚落形态，实际上体现了传统文化所强调的围合与限定——封闭内敛的高墙坚壁塑造着村民强大的凝聚力和向心力。另外，堡寨内向封闭的空间结构也深刻诠释着封建宗法等级观念和血亲伦理思想。看似松散的乡村聚落实际上却是相对固定的社会实体，共同的生活、共同的利益，隐性地制约着个人的价值取向，促使人们的道德观念、道德情感趋于一致。心理上强烈的认同感、依赖感激发出了强烈的情感共鸣和精神期待，滋养着村民守望相助、患难与共、和衷共济的家国情怀。可以说，传统堡寨绝不是孤立、闭锁、了无生气的村落社会，其村民始终保持着开放包容、自由兴盛、和谐共处的生活理念。村中戏台、寺庙等公共建筑周围，通常会自发形成别具活力的休憩、交流的所在。这里既是村民文化娱乐、日常交往或集市贸易的公共场所，也是节日庆典时耍龙灯、踩高跷、舞狮子等民间活动的聚集场所，这里包含着"神人同乐"的精神寄托。

晋西地处吕梁山地以西和黄河以东的晋陕大峡谷的中部地带，是黄土高原的重要组成部分。从地理位置上讲，该区域北与忻州市接壤，南与临汾市相连，西临黄河与陕西省榆林市隔河相望，东部、东南部与太原市、晋中市毗邻。由于土质疏松，夏季降水集中且强度很大，所以黄土高原水土流失严重，丘陵、沟壑区植被稀少。晋西区域坡陡沟深，地表支离破碎，其中斜坡耕地占总耕地面积的三分之一左右。这里具有温带大陆性季风气候的特点，分属中纬度温带半干旱森林草原与干草原灰褐土地带，一年四季分明。春、秋季空气干燥，气候多变，风沙大；夏季光照充足且时间较长，干旱少雨；冬季日照时间短，少雨少雪，昼夜温差大。晋西矿产资源丰厚，种类较多；耕地资源少，质量又比较差，加上夏秋之际旱灾、冰雹等自然灾害频繁，进一步降低了土地生产率。

晋西位于黄土高原西麓，紧邻黄河，由于所处的自然和政治环境的关系，历来一直是汉民族抵御北方少数民族的边防前哨。春秋战国时期，这里先属魏后属赵国；秦统一六国后，隶属太原郡、河东郡；两汉时，分属太原郡、西河郡；三国时期，属魏国；隋唐以后，改郡为州；宋元辽金时期，又撤州为路；明清时期，设立省州县三级制，晋西地区分属太原府、汾州府；中华民国元年，废州改县，晋西属河东道、雁门道等；抗战和解放战争时期，晋西地区属于晋绥边区行政公署。新中国成立后，晋西地区分属忻县、兴县、汾阳、临汾四大专区。"大跃进"和人民公社化运动后，撤专区设县，晋西地区分属离石县、静乐县、兴县、吕梁县等。21世纪以后，晋西地区分属地级忻州市、吕梁市、临汾市。

20世纪80年代，现代历史地理学家谭其骧先生高度评价山西在中国历史上的重要地位，他指出："在历史上，曾有过好几次，山西在全国，至少在黄河流域，占有突出的地位，其重要性远超今日山西。"山西既是华夏民族的发源地，又是农牧文明碰撞交流的融合地，这里镌刻着中华民族最深刻的文化记忆，奏响着多民族杂糅交汇的精彩乐章，见证着近代以来国家的苦难与辉煌。黄土、黄河作为民族精神的载体、文化传承的符号，能够鲜明地唤醒中华儿女的记忆，凝聚中华儿女的共识，激发奋斗不息的精神。深入挖掘"两黄文化"的特征，可以梳理出中华文明基因库的"根"与"魂"，建构起历史与现实的关联。

"两黄文化"从地理区域上指黄土高原一带的文化形态。千百年来，人们祖祖辈辈生活在黄土地上，他们的经济模式、文化传统、生活习俗、饮食习惯，甚至语言的地方性都大致相同，区别于其他地方。"黄土地"是人们根据地域特征、历史渊源和习俗传统而形成的一个文化概念。黄土文化以其独具特色的文化模式，成为中国北方文化的典型代表。"黄土地"以其独特的自然形态和生命形态孕育出鲜明的文化特征，其影响和魅力经久不衰。黄土文化、黄河文化共同构成了独立的文化体系，具有极高的文化价值。这一体系在中华民族历史文化发展过程中占据着极其重要的地位，对于民族文化研究有着深层次的特殊意义。在黄土高坡上，原生态的窑洞浑然天成，与周围环境和谐统一，它反映了人们顺应自然的建筑理念，蕴藏着人与自然和谐共处的哲学精神。一排排土窑洞建于黄土地，又隐于黄土地，与黄土融为一体，充分体现了天人合一的生态观，又承载着中华儿女最深沉的"乡愁"。朴素的窑洞是黄土高原的历史遗产和文化名片，它展现了别有风情的生活方式，是独具特色的建筑艺术，也是黄土地人栖身的家——千百年来，人们在这里生生不息。这片黄土地目睹了民族的屈辱与崛起，见证了家族的兴盛与衰落。

晋西地区山地较多，适宜耕种的平地和丘陵较少，居民便将住宅开凿在山坡上——下层窑洞的部分屋顶成为上层住宅的院落，如此来最大化地利用土地资源。受地形的限制，传统村落的空间构建体系在此并不适用，狭窄而立体化的可利用土地无法满足建筑围合形成空间的基本需求。因此，以西湾村、李家山村为代表的传统村落创造性地采用了顺应山势的建筑布局，对村落的虚实空间、主次关系进行控制。此种控制主要有围合、对立和引导三种方式。围合式空间组合：用几处选址在高处或重要位置的节点性空间——这些空间在视线和功用上相互联系——做围合节点，使其围绕村庄的中心，其中建筑依山就势而建。对立式空间组合：以一处占据最高点的核心空间为主导，其优越的地理位置与精良的建设质量使其成为统御全村的视觉焦点和功能核心。引导式空间组合：村落一般北侧背靠着山脉，南侧有着良好、宽阔的视野，或者能够远眺黄河。视觉上，村庄和周边的山水紧密联系，形成一个区域性的视觉中心。传统村落公共空间，主要是村民们在日常生活中和社会活动中共同使用的室外与室内空间，是人们交往、互动、休息与娱乐的重要场所，也是通知事宜、维系邻里关系、举办节庆活动以及其他活动的重要场所。自然，这里也就成为村落文化精神的重要承载地。小一点的公共空间主要为各家窑顶"崄畔"，较大的公共空间则是戏台、庙宇、祠堂等场所。

西湾村是晋西区域比较早发展起来的传统村落，是典型的一姓村，整个村子村民皆为陈姓，迁居始祖为陈先漠，家族在第四代陈三锡手上发达起来。村中的祠堂位于村庄的中心位置，在整个村庄中起着引领作用。发展至今，祠堂依旧在一些重要的节日举行活动，从而起到凝聚整个西湾陈氏人心的作用。祠堂外，乾隆二十五年修订的陈氏家规也一直发挥着教化人心、清肃家风的作用。李家山村是典型的二姓村。最早李家山村只有陈、崔两姓居住，陈姓居多，故叫陈家湾村。后来因李姓迁入村中，李姓凭借经商而逐步兴盛，占据上风，故改村名为李家山村。在这样的姓氏构成背景下，李家山村并没有特定姓氏家族的祠堂。

碛口，位于吕梁临县最南端，西濒黄河，清乾隆年间开始兴盛，发展为繁华的水旱码头，曾被誉为晋商的"西大门"。20世纪中叶，随着公路铁路交通的发展，河运逐渐萧条，碛口开始衰落。碛口的建筑大都是顺着山坡修建，院院相套、上下相通，处处体现着天、地、人和谐共生的宇宙观、社会观、道德观。东汉许慎所著《说文》载"碛，水陼有石者"，也就是水边的沙石浅滩。碛口和湫水之名最早见于《隋书》，原为抵御匈奴的要塞。清乾隆二十三年之后，湫水河与黄河暴涨，两河交汇处形成一处名为"大同碛"的险滩，上游的货运大船到此无法通行，水运转为陆运，由此渐渐在北侧形成货运码头。这就是碛口的由来。碛口独特的地理条件，让其成为晋中平川最近、最佳的天然码头。作为大西北数省物资的集散地、水路转运中心，碛口"兴盛时期，像一颗璀璨的明珠，辐射着周边村镇"。鼎盛时期，碛口有坐商四百多家、每日来往船只五十余艘、过往驮畜三千多头，商贾满栈、店铺林立，生意兴隆、经济繁荣，是晋商的"西大门"、商贾云集的"小都会"。[1]周边多个村落借其势发展壮大，李家山村、西湾村就是依托碛口商贸兴旺发展起来的。碛口古镇位于秦晋大峡谷中端东岸，地处黄土丘陵沟壑地区，沿大同碛逆流北上三十余公里，便是被誉为大自然鬼斧神工之作的"黄河壁画"。碛口至光绪年间达到鼎盛，据清光绪三年的《永宁州志·孝义》中记述："至今碛口遂为巨镇，秦晋之要津焉。"清朝时，碛口既是中原物资销往伊犁、恰克图乃至欧洲的必经之道，也是大西北皮毛运往中原的中转站，繁荣昌盛两百余年。到民国初年，据《临县志·商业》记载，正式挂号登记的坐商碛口有两百零四家，为临县县城的十三点七倍，可见当时商铺林立、盛况依旧。20世纪20年代，随着现代工业革命的发展，京包、同蒲、陇海铁路陆续通车，加之当地洪灾、旱灾、兵灾不断，碛口古镇货运逐渐缩减。抗日战争时期，日军先后八次"扫荡"碛口，商道水道几近凋敝。1940年，随着临县抗日民主政权的建立，碛口再

1　高婧：《古村落传统文化资源开发与价值利用探究——以碛口古镇为例》，《吕梁学院学报》2024年第6期。

次成为晋陕根据地之间的重要通道。1950年后，碛口逐渐被世人遗忘。直到2005年10月，随着"中国古村镇保护与发展碛口国际研讨会"的召开，随着《碛口宣言》的签署并发表，沉寂了几十年的碛口古镇，才再次映入世人的眼帘。碛口古镇承载着厚重的历史文化资源，滋养出古镇独特的风土人情，虽然其尘封了半个多世纪，但依旧闪耀着迷人的光芒。古镇的乡风民俗具有浓郁的地域特征，蕴含着中华优秀传统文化元素，至今仍影响着人们的价值取向、思维方式和现实追求。

黄河文化是中华文明的重要内容，是民族精神的文化符号。自然形态的河流被赋予了意识形态文化，便成为一种精神和象征，承载了中华民族的历史，滋养着中华儿女的精神世界。1938年，在中华民族危急存亡的关头，诗人光未然来到黄河壶口瀑布附近，奔腾的黄河激发出他创作的灵感，他创作出组诗《黄河吟》——后经冼星海谱曲，诞生了《黄河大合唱》这部不朽的音乐史诗。这部作品以中华民族母亲河黄河为背景，通过七种不同演唱形式的歌曲，歌颂了中华民族悠久灿烂的历史，讴歌了中华儿女不屈不挠、保卫家园的坚定信念。

文化标识是一个民族、一个国家、一个区域文化的重要标志。黄河是华夏文明的发祥地，是多元文化的交错带，更是中华儿女精神的家园。黄河文化是农耕文化的根基，其厚重久远、内涵丰富的文化资源是融通传统与现代、城市与乡村、东方与西方的话语标识。2019年9月，习近平总书记对黄河流域的生态保护和高质量发展作出重要指示批示。2021年6月，山西省人民政府办公厅印发《山西省黄河、长城、太行三个一号旅游公路规划纲要（2018—2025年）》，旨在着力发挥地域基础优势，构筑"一核一环七射"内联外网的路网结构，补齐黄河、长城、太行三大旅游板块的短板。其中，黄河一号公路全长一千五百五十公里，从北到南串联起一百五十余个旅游景点、几十个传统村落。该规划以区域高质量发展为突破点，一方面深入挖掘黄河文化跨越时空的价值本源以守其文化根本，另一方面通过创新文化呈现形式以使其顺应时代潮流，从而将黄河文化的历史价值转化为现实生产力。具体实施路径有：推动黄河文化与实体经济融合并实现产业化发展；通过深入挖掘地域特色文化资源，开发特色文旅项目、特色文创产品和特色景观体系；打造黄河风情旅游带和文化体验廊道，并以此为基础实施黄河文化"文旅+产业"的融合发展战略。通过以上举措，推动黄河文化融入我国旅游业发展新格局，最终实现以文兴产、以文润城、以文塑旅、以文惠民、以文化人等目标。

晋南古称"河东"，隔河与陕西、河南相对。这里作为华夏文明的发祥地，气候适宜、物产丰富，农耕文明发达。早在距今四五千年前，这里的黄河沿岸就散布着众多村落。西侯度文化遗址保存着中华先民最早用火的实证。

晋南地区的农耕社会，在诸如女娲补天、大禹治水、愚公移山等传说中逐渐形成；到了原始社会末期，晋南地区出现了古城雏形，如"尧都平阳""舜都蒲坂""禹都安邑"。从夏商至春秋战国时期，该地区一直是黄河流域政治、经济、文化的中心。1931年，国学大师钱穆先生在其著作《周初地理考》中论证了晋南地区存在大量的后稷、姜嫄遗迹，并指出："周人初起皆在晋，其后越汾达于河，渡河而西达于韩。"作为周朝始祖的后稷，在晋南教民稼穑的故事流传已久。如今，晋南的稷山、万荣等地仍留存着多座祭祀后稷的庙宇。这些庙宇不仅体现了先民们对于土地的崇敬之情，也象征着农耕文化的精神信仰。

晋南地处黄土高原，作为华夏文明的发祥地之一，这里地理条件优越，气候温和，属于典型的暖温带半湿润大陆性季风气候。夏季高温且降水集中，冬季寒冷、干旱少雨。区域内运城盆地和临汾盆地南北贯通，周边环绕太岳山、吕梁山和中条山三大山脉，境内地形多样，包括盆地、丘陵、山地等，沟壑纵横，水系丰富，整体呈现出"三山夹两盆"的格局。

作为华夏文明的源头，河东地区自春秋战国时期以来，就因其天然的地理优势成为兵家必争之地。进入封建社会后，从秦汉时期的强大诸侯国到明清时期晋商的崛起，河东地区及其衍生的三晋文化一直是中华文明的重要组成部分。创世神话和始祖神话是河东文化的重要组成部分，如女娲补天、伏羲画卦、大禹治水、仓颉造字等，这些远古英雄神话滋养了晋南深厚的农耕文化底蕴。

上古圣君帝尧以其崇高品德和神圣形象著称，在今日的晋南乃至更广泛的区域仍保留有与之相关的文化纪念活动，其在中国文化史上的地位不可替代。除了人格培养外，关于帝尧的传说逐渐发展出了仁政、治道、亲民等治理理念，体现了一种以仁德为核心的理想社会治理模式。此外，晋南还流传着许多由真实历史事件演变而来的传说，例如版筑奴隶傅说拜相、商汤伐桀于鸣条、伯夷和叔齐隐居首阳山、骑顿致富发迹、虞芮两国君主在原野上相互谦让、晋国借道虞国攻打虢国、秦始皇东巡蒲坂、汉武帝东祀后土、李世民屯兵柏壁、唐玄宗巡渡蒲关等。这些历史传说不仅是传统聚落形成和演变的佐证，也散发着浓厚的历史文化气息。

晋南地区的传统村落是在历代文明的层层积淀中一脉相承、延续至今的重要文化遗产。这些传统村落分布广泛、类型多样，展现出鲜明的地域特色。从地形来看，晋南地区位于黄土高原，以盆地地形为主。山区村落中，窑洞是常见的居住形式；丘陵地带则因沟壑纵横，形成了依山而建、层层递进的退台式布局。盆地地形为人们提供了天然的屏障，成为理想的聚居场所。受地形地貌的影响，在不同的自然环境中，晋南传统村落呈现出多样的空间形态。总体上表现为簇群而居的整体格局。根据村落选址与山水关系的不同，其平面形态主要包括以下几种类型。散点型，多见于早期规划较少、形态较为原始的村落，建筑呈自由散布状态；条带型，常见于靠近山水、古驿道等交通要道的村落，呈现沿道路或水系延伸的线性布局；团状型，主要出现在平原地区，内部道路呈丁字、十字或井字形分布；层叠型，依山就势、因地制宜构筑的窑洞村落，常呈现上下错落、逐层抬高的立体空间结构。此外，晋南地区的传统村落中，还存在多种以村落为基本单元的复合型聚落形态：单堡村落，一个村落包含一座完整的堡寨，村寨合一，如襄汾县丁村、新绛县光村等；多堡村落，由两个或多个堡寨相邻组成，形成整体聚落，如绛县南城村即由三个堡寨构成；士绅大院型村落，由官僚士绅、商贾大户的家族院落围合而成的堡寨式民居，如师家沟的师家院落、万荣李家大院等，体现了较强的防御性和宗族聚居特征。这些形态各异的传统村落，不仅承载着晋南地区悠久的历史文化记忆，也展现了先民因地制宜、顺应自然的智慧与创造力。

华夏文明得益于黄河流域优越的自然条件，早在距今四五千年前，黄河两岸就已散布了数以千计的大大小小的村落，闪现出了最初的文明之光。气候环境是地域文化形成的最基本因素之一，晋南地区地势相对较低，热量充足，无霜期较长。从临汾盆地陶寺考古遗址来看，大约四千多年前，晋南地区山水环绕、土地肥沃。先民们通过对天文现象的观察与记录，逐渐形成了对宇宙秩序的独特理解，并据此制定了历法，指导着农耕生活的节奏。这种对自然的敬畏与顺应，不仅促进了农业生产的进步，更孕育了中华民族深厚的文化底蕴和哲学思想。优越的自然条件促进了财富的积累，加剧了社会分工，强化了国家权力，并规范了乡治实践，进而衍生出耕读文化。

在中国封建社会中，人们以"农耕"作为生活的基础，通过种植五谷、辛勤劳作维持家庭生计。当地村民守土意识强烈，习惯于以家族血缘为单位，长期过着稳定安逸、自给自足的生活。恬淡的生活方式与古老的农耕文化共同孕育了淳朴的民风。对于这种民风的描述在晋南的地方志中屡有记载："崇俭务本，力学好儒""士重名节，民尚俭朴""向善而服勤，守俭而知礼"以及"其民质朴力耕，而习俗崇礼让之风"。这些描述反映了儒家文化的深远影响。

"耕读传家"是传统村落中每个家庭、家族所秉持的重要生活信条，体现了以农为本、以耕养读、以读促耕的家训文化，其在乡村社会中广为流传。无论是传统村落的选址布局、民风教化，还是祠堂文化的形成，"耕读传家"的理念都深刻影响着村落的外围环境、整体格局以及人们的生活方式和精神风貌。

古人凭借传统的认知方式来适应自然环境，风水堪舆作为村址选择的重要依据，在村落营建过程中发挥了重要作用。以丁村为例，其西侧有形似腰带状的汾河环抱村落，东侧则为层层递升直至山巅的阶梯状黄土台地，前有开阔平坦的广袤农田，后有少祖山作为靠山，再配上村落四角的玉皇庙、财神阁、魁星阁、文昌阁这"金龟四足"，以东侧土地庙为首，以西侧虎狼庙为尾，整个空间格局犹如"金龟戏水"，寓意吉祥安宁。

水对于传统村落而言具有重要意义：一方面可作为生活用水来源，另一方面也可用于景观营造。即便是在北方水资源相对匮乏的地区，也会通过人工开挖池塘，以备不时之需。在有"文笔山"的村落中，山前通常配置水源，或天然溪流，或人工池塘，"文笔山"如笔，池塘似砚池，寓意文脉昌盛、人才辈出。

无论是在南方还是北方，这种依山傍水、讲究风水格局的村落，都遵循耕读文化的传统。村落的最初建设者们极力营造出一种文人理想中的恬淡雅致的生活氛围，展现出人与自然和谐共生的地理景观与人文意境。

传统村落中的学堂、私塾、读书楼、知止园、文昌阁等，是村中学龄儿童接受教育的重要场所，也是"耕读"中"读"的主要场所。这些教育空间一方面承担着传播知识、教子课读的功能，另一方面也寄托着家族对子弟科举入仕、光宗耀祖的期望。例如，汾城古镇设有学前塔、魁星楼等建筑，官沟古村则有忠信堂、敦厚堂、进修堂等教育场所。传统村落中书院文化的兴盛，正是耕读文化繁荣的重要表征。此外，传统村落的宗族势力较为强盛，几乎每个村落都建有祠堂，保存有宗谱。这些祠堂和宗谱承载着家族的历史记忆。儒家文化在民间正是通过宗族体系逐步渗透到村民的思想之中，这其中儒家知识分子发挥着重要的"教化"作用，传承儒道、弘扬文教。乡规民约与家训家规普遍倡导以孝悌为本，注重端正行为、修养品德，崇尚勤俭持家的价值观。耕读文化将强身、修德、增智、明礼融为一体，体现了中国传统社会中理想的人格塑造路径。

晋南传统村落的发展与历史事件紧密相连，这些事件涉及地域文化、宗教信仰和社会民俗等方面，共同构成了晋南居民的集体记忆，并成为人们产生归属感与认同感的重要因素。它们代表了地域文化的鲜明特征。黄河根祖文化是晋南地域文化的重要组成部分，源于大规模的移民活动。

"古槐移民，其规模之大，范围之广，时间之久，在我国历史上可谓空前绝后"[1]。据史料记载，公元1368年，为了解决因战争导致的中原地区人口严重不足问题，明政府开始组织大规模移民活动以巩固政权，山西洪洞大槐树移民活动就此拉开序幕。

在山西根祖文化区的祭祖园中，人们建设祠堂供奉祖先，不仅为前来寻根的人们提供了祭拜场所，更是通过祭祀仪式表达了对先祖的尊崇和敬重之情。前来寻根和祭拜的后代在这里接受了一场关于孝德的文化熏陶。裴氏家规家训文化作为中国传统文化的重要部分，即便在当下，也能于日常生活中潜移默化地规范人的观念和行为，涵养社会主义核心价值观，对良好社会文化的培育、优秀治国智慧的传承、廉政文化的建设以及增强区域文化软实力都具有重要意义。

晋北地区山河分布错综复杂，域内有五台山、恒山，是为天然屏障；南部是忻定盆地，北部与草原游牧地带接壤，处于农牧交界带。内外长城沿线的交通要道上遍布众多古堡村落。在自然地理、社会制度与历史事件的综合影响下，这一地区的文化类型主要是边塞文化和佛教文化。边塞文化在这里是指历史上晋北边境地区草原游牧民族与中原农耕民族在发展中形成的综合性文化体系，是他们各自的两种文化形态在交锋与交融的过程中创造出的一系列物质和精神文明成果。晋北区域是民族融合的典型地区，雁门关一带遗存的大量文物遗迹见证了边塞历史。该区域受历代民族政策影响，北方的戎狄民族与汉民

1　杨秋梅：《山西历史与文化》，三晋出版社，2008，第248页。

族长期杂居，各民族在衣食住行等方面相互吸收借鉴，形成了独具特色的边塞文化。至今，从当地的民风民俗中仍能直观地感受到民族文化的交流交融，展现出中国传统文化所具有的包容、和谐的强大凝聚力。

提起塞外起伏的山峦、苍茫的原野、没落的古堡，不禁让人联想到戍边战士保家卫国、征战厮杀的场景。边塞诗词雄浑豪迈、边塞音乐苍凉辽阔、边塞景观悲凉空寂，边塞文化的历史沧桑感和地域归属感契合人们对战争的认知，传递着浓厚的家国情怀。

佛教源自印度，两汉之际沿丝绸之路传入中国。佛教文化是中国文化的重要组成部分。五台山得名于五座台顶，其基底岩系形成于新太古代，后在吕梁运动中经历"五台隆起"，成为长期稳定的陆块，其最高峰为北台叶斗峰。五台山拥有独特而完整的地球早期地质构造，具有漫长的地质历史和丰富的地质遗迹。"特殊的气候孕育并积淀了丰厚的佛教文化，使五台山'五峦巍然、气候清凉'，这与佛经中的'清凉山''五顶山'等文殊菩萨传法的道场相吻合。"[1]佛教"缘起论""因果业报说"等观念虽具唯心主义色彩，但在战争频发、动荡不安的局面下，人们只能祈求佛祖救众生脱离苦海。佛家秉承慈悲济世的精神，摒弃恶性、倡导善德，劝诫信众戒恶行善，有助于人际关系的和谐，有助于化解社会矛盾，维护了统治秩序，在一定程度上起到过积极作用。

1　崔玉卿：《五台山世界文化景观遗产的价值和影响》，《山西日报》2010 年 4 月 25 日。

需要说明的是，山西传统村落村民在信仰佛教的同时，始终坚守本土多神崇拜。例如，在五台山周边的村落，几乎每家都供奉天地爷、土地爷、灶王爷、财神爷等，有的家庭还供奉自家的保护神。村里普遍供奉关老爷、龙王、瘟神等。供奉这些神仙的有的是一座庙，有的只是一堵写着神位的墙。又如在佛教圣地五台山香火最旺的五爷庙，五爷作为文殊菩萨的化身，其并不是手持佛珠的佛教形象，而更像是道教仙家，这突显了佛教信仰与本土信仰的融合，也间接反映了民间社会信仰的包容性、实用性和功利性。

二、历史文化资源的育人作用研究

　　整体上讲，山西独特的地理位置赋予了它特殊的传统文化地位。这里是民族融合的重要地区，匈奴、氐族、羯族、鲜卑、突厥、奚、契丹、党项、女真、蒙古、回族等都曾在这里繁衍生息，众多民族彼此交融，留下了生动的历史和丰厚的文化。这里也是传统文化交融之地。

　　就全国地域文化分布来看，山西正好处于全国文化区的中部，南北两侧分别是中原文化区域和北方文化区域。考古界知名学者苏秉琦先生在《谈"晋文化"考古》一文中指出，"第一，晋南地区属于'中原古文化'的一个组成部分，但有它自己的特色；第二，晋北地区属于'北方古文化'的一个组成部分，又有它自己的特色；第三，从整体来看，它是'中原古文

化'与'北方古文化'两大古文化区系的重要纽带"[1]。

苏秉琦先生系统论述了晋文化连通中原、北方这两大文化区系的原因及其特征,且对因这两大文化交流碰撞而独具魅力的晋文化进行了系统论述,充分肯定了晋文化在中国古文化发展过程中的重要地位和深远意义。

山西现有的三万多个村庄中,具有保护价值的传统村落大约六百一十九个。这些历史文化名村保存有丰富的、具有重大历史价值或纪念意义的文物,它们能较完整地反映一些历史时期的传统风貌和地方文化特色。近年来,有学者通过研究历史文化名村的空间布局,归纳出集中式布局、组团式布局、线性布局和放射形布局四种空间布局方式。就山西省历史文化名村的空间分布特征来分析,山西省历史文化名村广泛分布于七大盆地、汾河沁河流域、交通要道节点、中南区域。

从传统村落的形成历史来看,先秦时期,晋南地区的汾河流域就已有古人生产生活的痕迹,陶寺遗址、丁村遗址群等石器时代遗址的分布就是有力的佐证。典籍中所记载的"尧都平阳、禹都安邑、舜都蒲坂"就发生在该区域。秦汉时期,山西成为封建王权政治的腹地,社会发展、人口增加,随着秦代驰道的修建,交通快速发展,聚落也相应发展较快,晋东南地区的很多传统村落就是在这一时期形成的。魏晋南北朝时期,政权更迭频繁,草原游牧部族对山西北部地区压逼逐渐增强,三晋大地地理位置的重要性更加凸显;而北魏早期定都平城,极

1　苏秉琦:《谈"晋文化"考古》,《三晋考古》第一辑,1994 年 7 月。

大地促进了晋北地区的经济社会发展，这一时期晋北地区的聚落有较大发展。

隋唐五代时期，政治稳定、经济繁荣，山西境内的交通已经逐步由晋南扩展至山西中部，形成以太原为中心的交通网络。此时期，以太原为起点，顺汾河谷地南下，再循涑水渡黄河，沿渭河北岸西行的驿道成为联通山西与陕西的交通要道，基本形成了以太原为中心通向四面八方的道路网络。汾河流域的聚落数量持续增加，而且选址多集中在驿道周边。

宋辽金元时期，晋北成为宋辽、宋金对峙的前沿阵地。当时朝廷推行"令民内徙，空塞不下耕"的禁垦之策，山西北部地区聚落发展相对放缓；晋东南地区和中部地区社会相对安定，"地沃民勤，颇多积谷"，聚落数量有一定的增长。明清时期，随着人口增加，耕地垦殖向纵深发展，边防要塞的设置促进了军事堡寨型村落的形成，晋商崛起使三晋各地新增了不少商贸聚集村落，村落数量激增，山西聚落发展达到鼎盛。

可以说，传统村落是空间历史上的"点"，承载与浓缩着空间历史上"面"的信息。山西宋代以前形成的村落主要分布在晋南；宋元时期形成的主要分布在晋中；明清时期形成的多在晋中，但晋北比重明显上升——这说明山西的区域开发时序是由南向北拓展的。不仅如此，新形成村落的平均海拔不断攀升，也反映了其由易到难、由低到高、由平原向山区、由中原向塞外的土地开发过程。

从传统村落的类型演化来看，可以依据传统村落形成的原始驱动力，将其分为农耕生活型、商贸聚集型、资源依赖型、军

事堡寨型四种。农耕生活型的主要特征物是农田、农具、农舍等农耕遗迹，商贸聚集型的主要特征物是钱庄、货栈、驿站、税关等商贸遗迹，资源依赖型的主要特征物是磁窑、矿场、酒坊等工矿遗迹，军事堡寨型的主要特征物是城墙、地道、关隘、津渡等军事遗迹。传统村落类型不是一成不变的，一般会经历形成期、稳定期、鼎盛期、衰落期的演化。

历史上，山西省传统村落也有许多转型。明代以前，随着农业垦殖的深入，山西地区的农耕生活型村落不断增加，从先秦时期到元代增加了近五倍；明代以后有些村落向军事堡寨型、商贸聚集型转化，农耕生活型村落数减少了一半。自古以来"晋俗以商贾为重"，如果说明代以前商贸聚集型传统村落发展还十分缓慢；那么明清两代，随着晋商的崛起，商贸兴盛，商贸聚集型村落迅速增加，成为仅次于农耕型村落的第二大类型。

虽然早在春秋时期，山西就已出现铁铸业，但资源依赖型村落的发展仍十分缓慢，到明清时期才有较大发展。晋南潞安府"富于冶铁"，产品行销省内外，晋中、晋北有少量村落以酿酒、制瓷等为主，当时行销的产品有"潞绸、汾酒、铁货"。军事堡寨型传统村落是一种关隘依赖型聚落。山西乃"四战之地"，历史各阶段都有军事型村落形成，尤以晋北最多，而且其构成形态正好与农耕型村落相反。在政权分裂时期，部族政权或以河为屏，或沿山置隘，因而山西境内就有了不少军事堡寨型村落形成；统一时期，晋北成为农耕民族与游牧民族争夺的"边地"，这也促使许多军事型村落形成。尤其是明代以后，大同、太原两个军事重镇的设置，晋北大量卫、所、堡、寨的修建，使军事型村落的数量达到了历史顶峰。至于清朝，蒙古内附，有些军事型村落向"亦守亦居亦耕"的农耕生活型村落、"战时防御、和时通商"的商贸聚集型村落转变。

不同村落类型是人类不同生产方式在聚落上的体现，其类型的转化与经济社会发展和人地关系演化都有着密切关系，究其形成过程也可以揭示区域开发的时序。传统村落承载着区域的历史空间，凝结着区域的空间历史，是历史区域发展和环境变迁的"活化石"。

传统村落作为乡村地区的基本构成单元和乡村文化的承载客体，满足了村民生产生活功能和物质需求的同时，又具体化为村民精神文化和价值追求的实体。可以说，文化的认同感和归属感不仅先天存在于不同民族、种族、血缘之中，而且在人化自然的社会实践中更加凸显。同样的文化孕育同样的民族，但同样的文化处在不同的历史环境或社会生活中则会界定出不同的地域文化和村落。黄河孕育了伟大的中华民族，铸就了中华文化的根，又经千年演变，呈现出忠义文化、德孝文化、根祖文化、晋商文化等多种文化形态。

中国人极其重视人的道德修养的提升，忠孝节义自古以来都是与家国情怀紧密联系在一起的。崇德向善是中华民族的精神基因，舍生取义是中华民族的精神风骨，忠恕任事是中华民族的道德规范。有学者指出："中国社会是一总体，因为中国重精神人生而不重物质人生，中国人重道义、轻功利，有严格的不妨碍整体的原则；讲追求如何成就一君子、一大人的立命存世。"

据相关史书记载，商朝时期有微子逃亡、箕子佯狂、比干剖心之事。根据《史记·伯夷列传》记载，武王伐纣，曾有贤人伯夷与叔齐对其进行劝谏："父死不葬，爰及干戈，可谓孝乎？以臣弑君，可谓仁乎？"后来，这两位贤人坚持不食周黍而饿死首阳山，保持了自己的忠贞品格。忠作为一种道德原则，在协调君臣关系的同时，也在普通人的人际关系方面起到了协调作用。我们正是从这个意义上说，忠有着信的含义，可在人际交往中促成一种相互信任的契约关系。

在三晋大地上，忠义精神积淀深厚、影响深远。晋为姬姓宗室唐叔虞的封地，受西周文化影响比较大。从侯马已发掘的晋侯墓葬来看，晋国礼俗严格遵照西周宗法制；即使西周后期王室衰微，"礼"依旧是治国行事的重要手段。然而，随着社会的发展，诸侯之间矛盾日益加剧，上层贵族的没落与下层庶民的崛起促进了"士"阶层的人格独立。春秋时代是一个诸侯联盟、诸子游历传播思想、游方侠士踊跃活动的时代，士阶层以忠义之品格对国家民族尽忠、对父母长辈尽孝、对朋友知音尽信，他们有着中华儿女的爱国之情、果敢勇毅的赤子之心。比如"自割其股以食文公"的介子推、舍弃性命救下赵氏孤儿的程婴和公孙杵臼、舍生忘死刺杀赵襄子的豫让，这些"忠义之士"的历史传说回响在每一代人的成长过程中，影响巨大。后世为纪念介子推而发展出全国性的重要传统节日——寒食节。直到现在，位于绵山脚下的冷泉古村及周边居民，一直延续着寒食节的传统习俗。关于寒食节的具体日期，古俗讲究在冬至日后的第一百零五天，现定在清明前一日。寒食节要禁火，因此当地人在寒食节前几天还要蒸制各种面食，作为寒食节的食品。当地流行的寒食节上坟祭祖的面塑造型是"蛇盘盘"。据说，吃掉其"蛇头"便能"减毒头、免灾祸"。这些浓郁的历史民俗文化，伴随着传说、祭祖、庙会、戏剧演出等民俗活动，形成了极具地方特色的忠义文化传统，深刻地影响着当地的村际关系和村落民风。

传统村落里的"文物和文化遗产承载着中华民族的基因和血脉，是不可再生、不可替代的中华优秀文明资源"。[1]纵观三晋大地现存的六百多个传统村落，保存着丰富的历史文化遗产，如夏门村的"干调秧歌"、石淙头村的"八音会"、冷泉村的高跷和背棍、得胜村的窗花和祥符、师家沟村的舞狮和手工、西黄石村的刺绣和打铁、南庄村的面塑和剪纸等，这些文化符号承载着先民们对真、善、美的向往。挖掘历史文化遗产的深层次价值，就要拨开历史的迷雾，追寻地域文化独具魅力的精神内核。传统村落的公共建筑中，坐落着形制有别的关帝庙（老爷庙、关帝塔），这些庙宇依山就势、随形生变，古朴雄壮、庄严肃穆。

作为儒学思想的守护者、地域民众的护佑神，关公所代表的就是"忠义仁勇"的民族精神。汉末生于解州的关羽，本是魏晋南北朝时期真实的历史人物，隋唐以后逐渐开始出现神圣

1　习近平：《加强文化遗产保护传承　弘扬中华优秀传统文化》，《求是》2024 第 8 期。

化倾向；宋元时期，关羽忠义的品质被无限推崇；明清时期，官方加封、民众景仰，建构起其忠义的神灵形象。在中国传统文化中，民间百姓膜拜关公，祈盼风调雨顺；封建君王礼敬关公，旨在攘外安内。从凡人转变为人神、圣人，关羽经过了历代统治者和普通民众的精心修饰，逐渐成为儒家道德规范的典型代表，官取其忠、商取其义、民取其信，整个衍化过程迎合了各个阶层的需求。[1]

从经济学角度来讲，贸易将人的必备生存用品发展为商品。传说最早的晋商是商周时期的盐商胶鬲。晋文公实行"轻关易道、通商宽农"的政策后，晋国商业空前繁荣。范蠡之师计然是晋国最早有名的商人，他深谙经商之道，提出"积著之理"。计然之徒猗顿懂经营、善理财，在河东大畜牛羊十年而成为巨富。晋商善于把握朝廷经济政策，善于利用地域产品优势大力推动商品贸易。明清时期，边关战乱不断，相传明代北部九边驻军就有八十万人，庞大的消费群体一度让盐、粮、布成为边境的畅销物品。山西商人抓住了地理优势和经济机遇，迅速积累起了早期的商业资本，为后来的对外茶业贸易、投资金融票号积累了雄厚的资本。便利的水陆交通、稳定的商路贸易是晋商崛起的前提，秉承人伦思想、笃信关公庇佑是晋商辉煌的关键。

需要指出的是，随着明清社会变迁引发了从"士农工商"到"商士农工"的转变。早期的山西商人艰难求生、四处漂

1　王晋丽：《忠义仁勇：晋商伦理与关公文化研究》，《中北大学学报》2022 年第 3 期。

泊，精神上还遭受歧视、压制。为了寻求精神的寄托和心灵的慰藉，他们顺理成章地把关公视为守护神。关公信仰支持、鼓舞着晋商艰苦创业、自强不息，并在一定程度上实现了神本与人本宗教伦理的融合。恩格斯指出："一切宗教都不过是支配着人们日常生活的外部力量在人们头脑中的幻想的反映，在这种反映中，人间的力量采取了超人间的力量的形式。"[1]晋商对关公"超人间力量形式"的信仰，支撑着他们艰苦创业。在晋商看来，信义为立业之本——以忠义终其生的关羽是守护商业繁荣的神明。关公信仰作为晋商披荆斩棘、锐意进取的精神支撑，锻造了晋商的道德品质。"关公崇拜"以其特有的精神风格、文化意义与晋商组织行为和管理效用的伦理态度遥相呼应，极大影响着近代晋商的行为方式和生活方式。关公与晋商在地域上联结、在精神上契合，关公信仰对晋商精神的塑造起到了至关重要的作用。

明清时期，大商富贾云集三晋，晋商文化崛起于以平遥、介休为中心的晋中地区。从地理位置上看，此地正好是农牧业交错地带。明清战乱给此地带来了极大损坏。清代，政府为了加强统治，实行"丁随地派"制：没有田的人不必缴纳丁税，可安心发展别的生计。如此一来，晋商队伍迅速扩大，至清朝中后期已然居国内商帮之首，成为能与南方徽商相抗衡的最有经济实力的商帮。晋商源远流长的历史使其成为中国历史上著名的商帮之一。中国历史上著名的商帮共计十个，晋商作为商帮

---

1 《马克思恩格斯选集》第3卷，人民出版社，2012，第703页。

之首，其巨大的吸引力和凝聚力有力地推动了中国商业文化的发展；其文化历经数千年延续与传承，最终形成了独具魅力的晋商文化。可以说，晋商是明清时期的商贸大军，对当时的经济社会生活影响深远。

晋商凭借自身卓越的贸易智慧迅猛发展，逐渐壮大成为一个耀眼的群体，一个带有浓重地域、乡土特征的商行帮会。晋商设号销售，将丝、绸、茶、米等从江南换来后再销往西北乃至出口俄、日等国，全国各地都留下了晋商的贸易足迹。清中叶，晋商开始接受金融领域的汇兑业务，其事业版图拓展至金融业。至咸丰、同治年间，国内的汇兑业务几乎由晋商独揽，就连东南亚、美洲、欧洲等地也能见到山西票号，可以说晋商左右着当时全国的金融业。总之，明清时期晋商纵横捭阖，雄踞商界五百余年，三晋大地商贸发达，交通路网呈现出多路并行、互为主次的特点，商品流通更加快捷，人们的交流更加频繁。

石淙头村就是古代晋城通往豫陕的交通要塞，"坐地户"潘家以经商起家，发迹后在村中广置田产，修建宅院。西文兴村中的柳氏家族是在积累了一定资产后，携家人从翼城迁到此处的，他们经营盐业、典当等多个行业。嘉靖年间，其资产迅速增多，开始营建形制为"四大八小式"房屋。其门楼装饰精美，上设匾额，内修照壁，布局井然有序。这些巨商大贾勘察风水、营建城堡——山西遗存下来的许多传统村落正是基于这样的背景而修建。晋商的商业行为、经营方法与价值观均受儒、道两种文化的规范，在"仁、义、礼、智、信"的基础上又融汇了民间商业精神，从而得以支撑晋商数百年兴盛的经营活动。因此，晋商精神是中国传统文化中重要的一笔，也是中华历史长河中重要的一个篇章。

晋商所特有的精神主要有如下几个方面：

一、开拓进取的创业精神。位于"黄土高坡"的山西自然条件较为恶劣，因而晋商普遍具有刚毅果敢、坚韧不拔的优秀品质。在这种自强不息创业精神的引领下，一代代晋商发展、壮大，最终创立了金融票号业。

二、信义修睦的协作精神。晋商以血缘、地缘、业缘为纽带形成一支商业大军，面对激烈的竞争，他们以故土家园为纽带，以关公信仰为纽带，相互关照，共同进退，东家掌柜同心同德，掌柜伙计和衷共济。

三、良商义贾的专业精神。晋商在商业交往过程中秉承的重要原则是"贵信守义"。关公的神性信仰约束着人们在商业交往中不能违背日常良知，关公的训诫启示着人们"有德"才"有得"、"施恶"必"遭厄"。从经营策略到秩序，从服务到品牌，晋商践行了信义精神从而走向了更广阔的商业舞台。

基于以上分析，我们说发达的农耕文明、丰富的自然资源、厚重的文化积淀，孕育出山西富甲一方的商贾，成就了一代晋商传奇。

大阳泉村中冯氏、郗氏与姚氏家族曾开启过一条辉煌的晋商之路。郗氏家族的历史最早可追溯至金代。据清雍正十三年郗氏十二世孙郗书秀等人编写的《重修郗氏家谱叙》记载，

"由是以观，由金而上，由金而下，已七八百年"。现存可考的资料显示，郗氏家族至郗彦一代举家迁徙至阳泉，郗氏家族的兴盛与平定一带煤铁业的发展密不可分。乾隆年间，郗氏十四世郗若梅创立"魁盛号"。若梅自幼聪慧，学文用功，学武精通，但苦于父亲年老多病，他只好抛科举从商贾，开创家业。他凭着丰厚的儒家底蕴、"诚信为本、以义制利"的经营理念使得魁盛号业务范围不断扩大，推进至正定、京津及关东地区，创出了"出门不住别人店"的传奇业绩。郗若梅次子郗象峰是魁盛号第二代传人，他秉承父业，终生遵守"克勤克俭、不吝于人"的家训，一生主张货通天下、舍财取义，于清同治十三年献地办学，创修义学。郗象峰长子郗森之是魁盛号第三代传人，考取太学生功名后即经商，可谓儒商。郗森之怜贫惜弱、乐善好施，多次为村中捐款捐物。他去世后，村民感激其善举，将其事铭于碑立于其坟前，并于平定州城的忠义悌孝祠内立其牌位。郗家几代人秉承"诚信为本，以义制利"的经营理念，首重信，次讲义，第三才是利，兢兢业业、苦心经营庞大的商业网络，把极具地域特色的商业品牌推广至全国。在国家遭灾、村民贫苦之时，郗家赈灾济贫，积极投身公益事业。他们的行为深刻影响着生活在这片土地上的人们。

北辛武村作为传统村落中典型的晋商聚落，被列入第六批中国传统村落。其村落最早形成于五代十国期间，村落传统风貌保存较为完整，村内丰富的历史遗存集中反映了晋商古村落特征，具有较高的保护研究价值。北辛武村最大的家族和村落的主要建设者是晋商冀家。冀氏家族作为晋商万里茶路的开拓者之一，历经十几代，在第十七世冀国定主持时，发展到鼎盛。冀氏家族文化底蕴丰厚，这也在北辛武村落的建造和发展中得以体现。北辛武村完好地保存了明清时期晋商聚落的形态特征，其村落格局肌理与传统建筑集中反映了特定历史时期的文化背景及传统风貌，体现了明清时期晋商的建造技艺和建筑风格，具有极大的研究与保护价值。冀家"仁诚礼善"，秉承以人为本的理念诚信经营。至今，诚实守信依然是冀氏后人所秉持的家风理念。晋商冀氏在对字号伙计进行管理时，有明确的奖罚制度，待人宽厚，从不苛待压榨，在进行惩戒时也秉承着以人为本的理念。

洪洞大槐树的移民故事在我国广为流传。然而除去洪洞"根祖文化"外，山西还有晋南传统村落的"根祖文化"——集中了创世神话和尧舜禹等上古圣贤传说。山西根祖文化是中华文明的重要组成部分，是黄河文化中的重要组成部分。根，指生养我们的故土；祖，指祖先。从本质上来说，它是一种追源溯流、寻求落叶归根的文化情结，是中华民族的根基，是中华文明的主根系。"落叶归根"一直以来是中国人的传统思想，一个人不管身在何处心中都会挂念着家乡、故土。绝大多数中国人都会选择死后安葬在自己的故乡，让自己有一个归宿。"归乡寻祖入祠堂，世代延迁写四墙"，这表明自古以来人们都很重视祖先，重视血脉的传递和延续。这浓厚的根祖文化作为世代相传的本土文化，有着深厚的文化底蕴。俗话说五千年历史看山西，要全面了解中华文明必须深入研究山西的文化历史。

山西地处黄河流域的中心区域，有悠久深厚的历史文化底蕴，是中华文化孕育形成的核心地带。近年兴起的"寻根"热潮引起了世人广泛的关注，在一定程度上可以说它已经成为一种文化寻根，而山西根祖文化就是在"寻根"过程中形成的一种文化。山西根祖文化区有着丰富的根祖文化资源，是人们直观感知华夏文明始祖，了解文化起源的地方。

近年来，洪洞寻根祭祖园立足根祖文化资源，编排了一系列实景剧作。一代代的中华儿女在这片历史悠久的土地上繁衍生息，源远流长的华夏文明谱写了感天动地的创世神话，内容丰富的民间传说是山西根祖文化的宝库，口耳相传是其传播的重要形式。从人类社会的发展轨迹看，文化并不是天然存在的，而是伴随着人类的诞生而出现的。文化在人类历史上始终扮演着重要的角色，在促进社会发展上起着重要的作用。每一种文化的形成和出现都有特定的背景，它的成因都是复杂的。在不同的背景下，不同的国家、地区会形成多种多样并具有本地特色的文化。山西是中华文明的"直根"，以山西传统村落文化资源为切入点，追寻民族精神之根，便能找到忠勇爱国之根、天下和合之根、孝德重礼之根、舍生取义之根，等等。孝德作为中华民族的传统美德，一直以来被中国历代统治者所推崇。在中国的传统社会中，无论做什么事情都强调以孝为先，甚至把孝德作为对人的首要要求。孝德文化既包含对长辈的孝敬，又包含对自我德行的约束和规范。而那种对于根的追寻，是中国孝德文化最好的体现。事实上，传统村落里有着许多优秀古建筑遗存，尤以祠堂、庙宇居多。祠堂既是家族的象征，也是维系血缘关系的纽带。祠堂作为家族的公共生活空间，具有祭祀、聚会、娱乐等多种功能。以良户村的田氏祠堂为例，整个院落由四个三合院串联而成，营造布局西为书院、东为祠堂，雕刻精美、造型独特。山西根祖文化中的敬茶仪式也是晚辈对长辈表达敬意的重要方式，体现了孝德文化。

此外，传统村落中的家规家训文化，也是世世代代积累而成，历史悠久。

两千多年间，裴氏家族形成了"重教务学、崇文尚武、德业并举、廉洁自律"的独特家族文化，其有着卑己自牧以修身、孝悌勤俭以齐家、和谐修睦以处世、勤勉清廉以治国的内在价值。在这种文化潜移默化的影响下，裴氏家族的子孙后代在政治、经济、文化方面都颇有建树，涌现出一些著名人名，如裴休、裴蕴等。史学家裴松之以《三国志注》开创了一种新的注史体例，受到后世史学家的推崇。家规家训文化作为中国传统文化的一个重要部分，也是根祖文化的一个缩影。即便在今天，其对于良好社会文化的培育、优秀治国智慧的传承、廉政文化的建设、区域文化软实力的增强都具有重要的现实意义。

起源于晋南万荣县的后土文化，作为一种历史悠久的祭祀文化与山西根祖文化一脉相承。后土文化经历了千年的发展，逐渐从官方的祭祀发展成为现在的民间信仰。在山西境内，后土寺庙多达五十多座，多集中在晋南地区，包括襄汾县后土庙、万荣县庙前村后土祠、介休市城关后土庙等。其中万荣的后土祠是众多祠庙之首，时至今日每年农历三月，还有很多人特地来此参加祭祀活动，侍奉香火，传递后土文明。树高千尺也忘不了根。近年来，伴随着寻根祭祖的热潮，不少海外移民的后代专程到后土祠参与这里的各种祭拜活动。后土文化在近几年不断发展，祭祀大典的规模一年比一年大，来自世界各地的中华儿女祭祀着大家共同的始祖，感受并传承着山西根祖文化。后土文化不仅在根祖文化中占一席之地，它也是中华民族文化的根源。民俗文化是民间民众风俗生活文化的统称，是人们在生活习惯、信仰的基础上不断实践而逐渐产生的文化。民俗文化有很强的综合性和自发性，大多产生于民间，通俗易懂，易被广大人民群众接受，表现形式也多种多样。在实际生活中具体表现为人们的语言表达、风俗习惯、生活方式以及民间各类文艺活动。因为各个区域历史和地理条件不同，每个地区的民间文艺活动都各有特色——它们是传播根祖文化最广泛的形式。

山西根祖文化是历史的积淀、文明的成果，具有强大的生命力，流传至今，且在当代社会中仍有着一定的价值。作为一种精神力量，文化在潜移默化中改变着人们的思想和认知，在社会发展过程中扮演着重要角色。五十六个民族共同组成了中华民族，经过五千年的沉淀，形成了底蕴深厚、独具特色的中华民族文化。黄河文化作为中华民族传统文化之一，其内涵丰富、形式多样、影响深远，在数千年的传承过程中已成为中华民族不断发展壮大的精神动力。

习近平总书记在全面推动黄河流域生态保护和高质量发展

座谈会上强调："黄河流域是中华民族和中华文明的重要发祥地，要保护弘扬黄河文化，传承好历史文脉和民族根脉。加强对文化遗产和自然遗产的整体性、系统性保护，深入推进考古等工作。保护好红色文化资源，弘扬革命文化，发展社会主义先进文化。深入挖掘黄河文化的时代价值，充分展示中华民族自强不息、坚忍不拔的民族品格和奋斗精神。"黄河根祖文化作为黄河文化的重要组成部分，总能激发出人们寻根祭祖、寻求本源的强大内驱力，其为实现中华民族的伟大复兴提供了强大的精神支撑。中华民族自古以来就重视故乡和祖先，有着落叶归根、认祖归宗的传统思想。具有浓郁中国特色的根祖文化通过祭祖的形式，寄托了人们对故乡的思念和对祖先的敬仰。"乡土情结鼓舞着千万移民后裔，寻根祭祖、观光投资，成为增强中华民族凝聚力的纽带之一。"

在山西根祖文化区，每年都会举办一些祭祀活动，这些活动将全球的中华儿女紧密联系在一起。知名度最高的祭祀活动当属临汾地区的大槐树寻根祭祖节，其每年春季的主祭日活动吸引了大量中华儿女前来参与。通过这样的活动不仅让参与者深入了解山西根祖文化的内涵，还加强了不同地域后裔对故乡的认同感，从而增强了民族凝聚力。山西根祖文化的流传使无数中华儿女不忘祖先，增强了他们的归属感和自信心，山西根祖文化由此也展现出强大的民族凝聚力和社会整合力。作为中华文明中不可或缺的精神财富，山西根祖文化团结着中华儿女、凝聚着中华民族，为实现中华民族伟大复兴的中国梦凝聚了精神力量。

总之，山西根祖文化是中华文明之"根"，清晰而深刻地反映了中华民族融合壮大的过程，拥有着丰富的历史文化内涵，其价值不可估量。

三、建筑文化资源的育人功能研究

建筑是文化的缩影，文化是建筑的内核。传统村落的营建是"合目的"地营造"合规律"的人居环境，整体来看，它是一个多层面、多维度的综合文化现象。建筑扎根于具体的环境之中，既受到地域地貌、气候环境、空间格局等因素的制约，又受到所处时代政治经济、文化习俗、理想信念、价值取向等方面的影响。古代先民们以自然环境为依托，顺应山形水势，趋利避害地选择建造场地，因势利导地适应复杂多样的地形地貌，展现出人与自然、社会和谐相处的理念。

传统村落建筑文化作为中华优秀传统文化的重要组成部分，承载了特定区域村民长久以来的生活信息，烙印着他们的传统文化、思想观念和社会制度等痕迹。既是一个"显微镜"，从中可看出生活在这一片地域的古代先民们的迁徙足迹、发展历程、政治经济和宗教信仰；也是一个"放大镜"，将地域物化资源、古村文化价值突显出来给我们看。

史前时代，三晋大地上就有人类活动，目前已发掘的旧石器时代遗址有两百多处。据考证，远古时代氏族部落广泛采用穴居的居住方式。洞穴是人类最早的"房屋"，它标志着定居意识的萌芽。《易经·系辞》记载："上古穴居而野处。"《韩非子·五蠹》云，"上古之世，人民少而禽兽众，人民不胜禽兽虫蛇。有圣人作，构木为巢以避群害"。据相关史料记载，旧石器初期，三晋大地上的人类多在黄土壁上开挖横穴以居住——类似的洞穴广泛分布于晋东及晋东南太行山区；旧石器晚期，出现了房屋这种住宅形式。龙山文化时期，三晋大地上开始出现土窑洞房屋，这以陶寺遗址为代表；龙山文化发展到中期以后，窑洞开始出现单间和双间居室，平面形态可以分为圆形、椭圆形、圆角方形和圆角长方形四类，居室逐渐扩大，门道也在慢慢加宽。这一时期，先民已开始烧制石灰，并利用烧烤、抹草泥白灰等技术为房屋防潮。考古发现，龙山文化时期的窑洞营造技艺已有了很大提升，所建窑洞已与现代建筑形态有许多相似之处。总体来看，从直接利用天然洞穴或岩棚作为居所，到因地制宜挖掘半地穴式建筑，再到建筑技术逐步复杂化，一步步体现出人们的集体协作与区域规划意识——从依赖自然到改造自然的跨越，促成了农耕聚落的形成，促成了文明形态的更迭。

传统村落作为一种物质空间载体，其外在和内在均是人类长期利用与改造自然空间的智慧结晶。从村落的外部环境来看，地域建筑的形成和演化始终与人们的生产生活、民俗文化保持着深层耦合。以农耕文明为例，先民掌握了传统谷物种植技术，自然会将聚落嵌入农业耕作最优化的区域。当然，经济基础与营造技术也深刻影响着地域建筑的营建水平。经济发达、人口稠密的聚落往往具备更高的建造技艺，这类地区

不仅能够精选优质建材，更在施工工艺上精益求精。一般而言，规模较大、建筑密度较高地区的建造技术更为高超，无论在选材、用料上，还是在施工工艺方面其都能达到更高的水准。

深入探讨村落总体格局、街巷空间是解读传统村落文化密码的关键——它们既承载着"天人合一"的生态哲学，也映射着社会组织形态。如《阳宅十书》所言，"人之居处，宜以大地山河为主"。古人将人居环境视为有机生命体，强调建筑与山川形胜的共生关系。人生于天地之间，自然也是环境的一部分，山川河流是人类赖以生存的物质空间，所以人要与自然"相合"，同生共息、融为一体。古村选址大多巧妙，背山面水、群山环抱，气候温和、水源充沛，土地肥沃、植被茂盛。石淙头村中流传有一段话："北有白龙吐泻，南有凤凰展翅，西有三角马场，东有群山夹月。"潘氏祖上从外地迁徙至石淙头村，认为此地四方风水皆佳，故大兴土木，兴建宅院，后世子孙在此繁衍生息。

传统村落往往顺应地势逶迤展开，层层错叠的建筑使得村落的空间形态异常丰富，整体格局十分清晰。如上庄村以"一条横轴、两条纵轴、五个组团"为空间架构，旨在以建筑凸显礼制秩序；冷泉村的道路结构可以概括为树枝状的"一街六巷"，所有的屋舍营建均以祠堂为核心，形成差序格局；西黄石村"一纵六横"的树枝状道路，紧贴人的现实需求，较好地解决了村民交通、排水、防御等方面的需要。

在生产能力和劳动技能较低的情况下，人们营造房屋时首要考虑的因素是气候、地形、材料等。如悬空村，远古时期古村所在的翔凤山山顶就已有人类居住。先民们把粗树枝砍成木棒，用来采集植物根茎、果实，捕捉猎物；打造粗糙的石器，用来剥割动物的皮肉；保留雷击后形成的火种，用来照明、防寒、对抗野兽、烧烤食物，原始先民们过着集体狩猎的群居生活。随着改造自然能力的提升，加之人口的繁衍，山顶的食物已不能满足人们的生活需求，这时候人们开始向山下转移。经过开凿、整理的天然洞穴，是为"古崖居"，成为古人类栖息之地。据考证，晋东南山崖间有多处"古崖居"遗址。随着生产力的发展，人们对自然环境的依赖逐渐减少，改造自然的能力不断提高。这时，社会结构、生产生活方式、经济技术条件等人文因素便成为推动建筑文化形成的主要动力。秉持不同生活理念的人们，面对不同的物质环境，加之社会文化、民俗信仰、经济水平等诸多因素存在的差异，其应对方式也不尽相同。社会结构，狭义上是指不同群体因资源占有差异形成的层级体系。我国传统农耕聚落社会的基本特点之一是其以血缘宗族为单位。由于宗族组织具有很强的凝聚力，因而传统村落的聚落结构也展现出明显的内聚性特点。汉族的聚落社会结构通过村规族约及儒教礼制规范和约束宗族成员的行为。对应宗族层级关系，聚落的格局一般为"村—落—院"的组织结构形态。每一层级都以祠堂为中心，住宅则依照血缘关系的远近分布于祠堂周围，形成以血缘为中心的聚落空间布局特征。以光村为例。在古村悠久的历史上，出现过许许多多的家

族，古村的兴衰与这些家族的起起落落紧密相连。明清时期，光村赵、蔺、薛、王四大家族远近闻名，据相关史料记载，当时村中有二十几座院落、十余所祠堂，以姓氏家族分区的组团格局十分明显，各大家族纷纷以祠堂为中心建造宅院、商铺等。

民居建筑作为村寨遗产的一部分，是一种活态化的遗产，它有一个持续化的过程。传统汉族聚落的聚居方式，是以家族式的大家庭聚居为基本单位；但到了封建社会后期，一些商品经济发达的区域，大家庭普遍解体，形成儿子成年即分家，分家必另立门户的习俗，小家庭成为社会的基层细胞。发展至现代社会，原有的血缘宗族社会结构完全被打破，家庭结构更是朝向小规模发展，中小型住宅增加，原有的那种大型宅院难以为继，聚落的空间格局亦随之发生翻天覆地的变化。人们的生产和生活方式是决定建筑基本形制的关键性因素，特定的生产生活活动必然对容纳这些活动的空间、场所提出相应的要求。物质要素是聚落空间形成不可或缺的部分，另外，人的观念、人的生活对传统村落聚落形态的形成也起着至关重要的作用——人们总是综合考虑地理环境，因地就势、道法自然地营建房屋。在山西传统村落中信仰杂糅的特点比较突出，多神崇拜共处、多元宗教并存，人们为祈祷自身平安、家族兴旺、远离灾害，衍生出与民间信仰相关联的诸多禁忌，这直接影响着村民居住的空间形态。村民建宅时举行开工动土、上梁、合口及谢土仪式，都要请阴阳先生确定日期，摆好香案祭拜土地，放鞭炮驱邪避害。大周村武家大院、窦庄村常家大院、西黄石村成家大院、南庄村刘家大院在兴建之初也都选择风水最优处建造，这体现着古人趋吉避凶的利己主义思想。其实，传统村落"风水"不会处于一成不变的状态。变迁和演化贯穿地域建筑发展的整个过程。

客观来讲，古人崇尚礼义的风尚、安土重迁的观念其实是受儒家文化的影响而形成的，这些风尚、观念也自然而然地体现在他们建造的民居中。具体表现为平面布局和院落组织充满伦理秩序感。在民居院落中，总是以长者居住的正房为核心展开院落的布局和组织，晚辈居住在左右两侧厢房或者别的院落之中。有的民居还会将正房正中的房间或者正房二层作为家族的祠堂，以表示对先人的尊重，这体现了儒家"以孝为先"的行为准则。如大阳泉村魁盛号中窑院的郗家祠堂，官沟村长庆堂小高房背面的张家祠堂、南面的家庙。在一个独立的院落内部，建筑的大小、方位和装饰也因居住者身份的不同而不同，如正房的台基是最高的，东厢房比西厢房要高一些，这使得整个民居呈现出强烈的伦理规范。院落命名和建筑细部装饰也体现着儒家道德准则。西黄石村的义和堂、师家沟村的理达院、皇城村的世德院、官沟村的忠信堂等，其命名展现了浓厚的儒家"忠孝礼智信"理念。建筑的屋顶、铺首、栏杆、影壁、匾额等装饰经常使用梅、兰、竹、菊四君子的图案，这体现出先民深受儒家传统思想的影响。

从源头来看，工匠是建筑文化最直接的传播者。传统工匠主要分为木匠、瓦匠和石匠，其中木匠通常担任组织和领导的角色。他们在充分了解业主的营造意图和投资能力后，凭借自身掌握的建造技术及对特定建筑模式的理解，完成房屋建造的目标。经济发达地区或某种文化核心区的工匠因其技艺高超、风格"正统"，常被邀请到其他地区主持或参与营建活动，从而推动了建筑文化的跨区域传播。

业主作为建造活动的资金供给者，在建造内容和形式的确定上具有决定权。他们往往根据自身的经历、思想观念和技术手段，结合功能需求、形式偏好、资金预算等，描绘出心目中理想的空间模式，并通过和匠师沟通、交流而得以实现。一般来说，同一地区的具有相似生活背景的业主由于接受的信息较为一致，其目标模式也较为趋同，因此根据他们构想营造的建筑在形制与造型方面呈现出较强的相似性和稳定性。随着时间的推移，这种形制便逐渐形成具有一定地域特征的建筑文化传统，并随着人口迁徙而传播至各地。

传统村落民居建筑群依山傍水，与自然紧密结合，这体现了中国传统"天人合一"的宇宙观和"物我一体"的自然观。在院落组合中，"礼乐"思想影响深远，向心型的布局体现出尚祖中庸的文化精神。"礼乐之道"为院落单元的形制结构与整体布局提供了规范依据，一切都井然有序。例如小河村的石家大院，以院落为基本单位组织空间，呈向心型布局。大院中阶台成组、窑洞相连、脊脊相对、院院相通。垂花门是迎送贵客的必经之地，雕刻最为讲究、造型最为精美。含清堂背靠西山、面朝东方。坐落于石家大院对面山坡上的崇德堂，巧妙地利用自然地形，前门高深、后门宽大，较好地体现了"天人合一"的设计理念。

传统村落建筑文化不仅体现在依山就势进行空间营造等物质层面上，也蕴含于村落中的宗祠、庙宇、戏台等精神文化空间之中。村落中的公共建筑往往位于街巷交汇处，它们既是村民日常活动的场所，也是村民接受精神教化的重要空间。它们清晰记录着古村千百年来的兴衰变迁、文化交融。宗庙祠堂不仅是家族传承发展的象征，更起着维系血缘关系的作用，它体现了中国传统礼制文化，反映了古代中国社会的宗法氏族思想。

中华传统文化崇尚"礼"，其核心在于维护等级分明的社会秩序，这有助于聚落的稳定与宗族法制的形成。传统建筑空间充分体现了"礼"的内涵，并将之集中反映在村落建筑的空间组织上。如丁村以血缘为纽带，家族院落均围绕祖院向周边扩展，从而形成庞大的建筑群体。这些建筑群看似自由松散，实则尊卑有序。

祠庙是供奉先祖与神灵的场所，是宗族成员开展宗教活动、进行沟通交流的空间。村落建筑群围绕祠庙组织空间，这有利于形成凝聚力。祠庙多处于村口、主街口等显要位置，以体现血缘家族的聚合心理与光宗耀祖的价值取向。良户村田氏祠堂由四个三合院组成，院落之间通过甬道相连，既有分隔又有联系，呈"田"字形状。东西院落并列，西院大门为青砖拱券结构，原带抱厦；东院大门为木结构垂花式，装饰精美。门楼上书"室接青云"，下设仪门，全部用石材打造，雕有麒麟、龙纹等图案。

如果说民居布局体现了建筑的自然适应性，那么宗庙祠堂则更突出其社会适应性。村口、主街口等节点位置常见戏台、书院等公共建筑，村落建筑群和街道亦以此为中心向外拓展。例如良户村，东边是皇王宫，西边是白爷宫，东南边是关帝庙。其空间结构是以祠庙为中心，在向两侧拓展的过程中又形成若干次中心，这又包括了点状空间如古树、水井、路口，以及线状空间如街巷、溪流、屋檐等。

　　院门文化是传统村落建筑文化中的重要组成部分，它既具实用功能，又承载着丰富的文化意义。门作为内外空间的过渡，维护着儒家伦理中的等级秩序，常用于划出男女、主仆、上下之间的界限。门的形式与装饰不仅反映居住者的身份地位与审美追求，也映射出当时的社会文化与意识形态。按建筑形式分类，山西传统村落的门主要有屋宇式、墙垣式、门洞式三类；按在院落中的位置可分为外院大门、正门楼、内院二门、窑洞檐廊门、宅内过门等。它们均外观简洁、比例协调，随墙而设，富有韵律美感，起着划分空间层次与功能的作用。[1]

　　外院门通常是第一个节点，门口设拴马石，门洞形式多样，常见者为上部砖砌、下部石砌，古朴厚重。门被视为主人的脸面，展现了工匠的技艺与宅主的心态。大周村刘家大院门楼上的木雕纹饰丰富，有"丹凤衔桃""海马流云"，象征富贵长寿、前程似锦。西文兴村中宪第的门楼挂落装饰精巧，祥云卷

1　薛林平、李志新、归小杨等：《小河古村》，中国建筑工业出版社，2009，第 81 页。

草纹寓意子孙绵延不绝；二门作为中心院门，尺度较小却装饰精致，体现了主人的文化修养。良户侍郎府的垂花门灵动活泼，形式感强。

山西省传统村落宅门常用瓦、砖、石、木等材料建筑。瓦主要用于屋面，曲线张力强，光影效果丰富；砖石用于墙体，斗砖砌法稳固，兼具防潮与装饰功能；木材用于屋架、门扇，赋予建筑温度与质感。

门枕石分为抱鼓石与箱形石两类。前者常雕刻花鸟虫鱼、瑞兽人物，寓意门户安全、六畜兴旺；后者多见于文人宅邸，寓意清廉高贵。如大周村武家书房院的一对箱形门枕石，正面刻有"一品清廉"图，借仙鹤与莲花表达清正廉洁之意。门槛石图案广泛，寄托着人们对丰收及富足生活的向往。

文化是一定地域社会实践的产物。传统村落建筑的种种情形，既是乡村传统文化的外在体现，也是社会现实的一个映射。在皇城村，陈接斗、陈富全、樊书堂等人回忆过往时，既有惋惜也有无奈。一代代村民习惯了日出而作、日落而息，蓦地面对社会高速发展、经济快速转型，不能不感到惊诧、困惑、无奈、茫然。虽然大环境变了，但是几千年来形成的思维定式、价值取向、认知标准、道德规范，乃至话语系统、言说方式，并没有多少改变，农民依然用固有的角度观察环境、表述世界、看待自己……

节日庆典、庙会祭祀等活动，仍是民众寻求归属感、获得精神慰藉的重要方式。社火、添仓节、八音会等集体行为凝聚了文化记忆，维持了社会秩序。有关婚丧嫁娶、祭祖等的习俗，是在一定的自然条件、经济条件、宗教文化、民俗心理作用下产生的，已成为民众的生活方式。

正如本尼迪克特所言："真正把人们维系在一起的是他们的文化，即他们所共同具有的观念和准则。"[1]文化转型并非骤变，而是建立在旧有文化积累之上的渐进演变。"摧不垮、打不烂的民族文化传统，沉淀在人民大众的现实生活中。"在新农村建设中，只有尊重民意、顺应规律，才能更好地推动美丽乡村与和谐社会的建设。

传统村落建筑装饰题材广泛、类型丰富、形式多样，在意境营造、工艺技巧、反映哲理等方面均有着较高水平。我们可将构成传统村落历史文化与地域特色的建筑单元视为建筑符号，从三个层面来解读：其在建筑空间中的位置、其特征及寓意、其所表达的审美意蕴。

影壁是独立于房屋之外的一段墙体，既"隐"于大门内，保证了院落的幽静；又将大门以外"避"开，使过往行人无法对大门内的一切一览无余。古时人们讲，影壁是为了"驱凶避邪"；现在我们从建筑学上讲，影壁丰富了院落的空间层次，营造出相对私密的生活空间。西文兴村司马第的影壁十分精美，壁心雕饰简单大方，为方砖斜角对接拼接，表面齐整；壁身四周用两圈竹节纹砖雕做边框，两层竹节之间的下方雕刻有书简、画卷，代表着主人有知识有修养；两侧竖向边框的最下方刻有一对宝瓶；底座上有三对小狮子，嘴衔着绳子玩

1　露丝·本尼迪克特：《文化模式》，王炜等译，生活·读书·新知三联书店，2009，第48页。

绣球，憨厚可爱、动感十足。边框和底座暗含"万事如意路路通，一品清廉节节高"的寓意，表达了院宅主人祈求平安的愿望和对功名利禄的向往之情。传统村落的匾额是一座建筑的点睛之笔。东汉许慎在《说文解字》一书中这样描述匾额，"扁，署也……署门户之文也"，意指门户上的题字可作家宅标志。传统村落的匾额有木质、石质和砖质之分，多设于院门门洞之上，其上方有屋檐保护，因此历经风雨仍保存完整。

传统村落建筑承载着大量历史信息，是研究传统文化传承演变的关键对象。一个时代的建筑是一个时代审美观的物化，通过理解这些建筑，我们便能把握住民族精神的特质。

当代乡村建筑设计应立足传统根基，融合现代理念，采用先进技术，建设具有中国文化特色的优秀建筑。传统木构建筑以其榫卯结构、梁柱错落之美，展现了东方建筑美学的独特魅力，至今仍是设计师灵感的重要源泉。

当代建筑已基本转向钢筋混凝土与框架结构，但传统村落的木构体系依然散发着魅力。现代设计师汲取古建筑的养分，将传统木框架的模数化、模块化思维引入现代建筑，通过标准化构件实现灵活组合，既延续"框架为纲"的基因，又适应工业化建造需求；同时，活化提炼古建筑中的吉祥纹样、雕花窗棂等文化符号，以数字化技术进行再创作，使传统装饰语言在现代语境中获得诗意表达。古人多秉承"就地取材、因势而建"的可持续理念，这为当前的绿色建筑提供了重要启示，而木结构的低碳属性又与当代环保诉求高度契合。

更为重要的是，传统村落并非静态的遗产标本，而是动态的文化基因库。山西古村作为黄土地域文明的活态缩影，其营造技艺蕴含着中华文明的基因密码。从晋商大院的恢宏格局到窑洞建筑的朴拙智慧，山西古建将"土为基、木为骨、石为饰"的营建逻辑，将礼制秩序、宗族伦理自然地构建于空间之中。青砖灰瓦间的雕花照壁、层层递进的"三进四合"院落，不仅满足了人们日常生活的需要，更体现出耕读传家、商儒并重的文化理念。而这些文化理念的活性，正体现自其与现代语境的动态对话。需要注意的是，传统夯土墙的保温隔音特性，为当代生态建筑提供了低碳技术启示；王家大院错落有致的"目"字形布局，可以应用在现代社区共享空间的层次设计上；而遍布村落的砖雕卍字纹、葡萄缠枝纹，经数字化解构后，可转化为具现代美的几何图案。山西古村的营造智慧正通过"基因重组"的方式，在钢构玻璃的都市森林中延续"天人合一"的哲学内核。

山西传统村落营造技艺启示我们：文化基因的传承，绝非对飞檐斗拱的简单摹写，而是将"因地制宜"的生态观、"以礼塑形"的空间观注入现代营造理念，让千年黄土孕育的文明密码在当代城乡肌理中生生不息。传统村落建筑空间之所以能激发人们的审美情感，是由于其有着丰富的文化内涵和审美意蕴，能使人们联想到古人的生活形态、时代背景和文化精神，从而引起人们情感上的共鸣，愉悦身心，最终进入一种"悦志悦神"的审美状态。以大阳泉村、窦庄村、光村、西文兴村的装饰艺术为例，其图案内容丰富，可以分为植物类、动物类、植物动物混合类、器物类、文字符号类、人物类等。这些装饰图案主要根据主人的喜好、匠人的偏好而定，形式自由灵动，传递出"有图必有意，有意必吉祥"的传统民居装饰理念。墀头、斗拱、柱础石、博风、脊兽、屋脊、铺首、雀替、土地龛、照壁均雕饰独特、造型优美，传达出丰富的文化意韵。常用图案有龙之九子、蝙蝠、凤凰、松、梅兰竹菊、古钱、鼎、福禄寿喜、八仙、门神等，其均取材于生活，既寄托了主人子孙繁衍、人丁兴旺的美好愿望，又表达了农民对美好生活的向往。在古人看来，龙是水神，是民间最大的神物，预示着丰收景象；鹿是祥瑞的象征，"路见白鹿"是升官晋爵的征兆；麒麟是仁兽，位居四灵之首，"麒麟望日"寓意天官赐福；凤凰为百鸟之王，寓意祥瑞、富贵；牡丹为百花之王，象征荣华富贵——"凤穿牡丹"寄托人们对荣华富贵、美满生活的向往和追求。大阳泉村中的魁盛号、松茂号和广育祠的墀头频频出现这些图案，代表着人们对美好富足生活的向往。光村建筑的装饰纹样，有草龙纹、祥云纹、龟背锦、万字纹、步步锦等，大多构思奇特、雕刻精美，有着极强的韵律美。它们装饰在特定的建筑空间，成为此处的标志性物件，提升了空间的文化内涵。传统门窗的装饰，主要是运用特定符号、图案，来赋予门枕、门替、门匾、铺首、窗棂等文化内涵。在屋脊装饰上，多采用骏马、神龙、宝塔等装饰题材，表达了人们对幸福的向往。木雕、砖雕多雕梅花、菊花等，"四君子"不畏寒霜、竞相开放，象征着傲骨与雅致。门柱上的雕饰大多精美，或雕仙鹤或雕云龙，构图饱满、寓意深刻。很早以前，古人便将印度佛教传来的能激浪吐雨的"摩羯鱼"（后人称"螭吻"）安放于屋顶正脊两端，以求消灾祈福；但当时只有宫殿、庙宇、祠堂及府衙才能安放。到了清代，民宅上才开始出现脊兽。以"螭吻"为代表的一系列建筑元素和建筑符号，反映出传统村落建筑文化具有包容、借鉴的特性，它们是地域文化演进的重要历史见证。

总而言之，传统村落建筑文化作为人类文化的重要组成部分，记载了特定地域民众长久以来的生活信息。通过它可以寻找传统思想、文化和制度留下的痕迹，也能了解不同时期人们的迁徙足迹、发展历程、政治经济制度和宗教信仰等。山西传统村落民居建筑、公共建筑类型丰富、形制多样、装饰有度，通过对村落总体布局、空间结构、院落形制、造型装饰等方面的研究分析，可以揭示三晋大地的先民们社会生产生活的真实面貌，以及当时的营造思想和技术，对当代的建筑思想具有重要的启示意义。应当看到，山西传统村落建筑文化正是在天人合一、道法自然的生态哲学思想的支配下，充分利用气候条件、地理条件、自然资源和地方材料，充分考虑生活习俗、审美观念、宗教礼制等要求发展起来的，它使得传统人居生态环境达到人与自然"共生"的自平衡状态。反观当代社会，随着社会变革、经济发展，原本的传统村落聚居形态正在解体，不少深宅大院由于内部的无序分割、外围的粗放发展，街巷肌理被破坏，传统文化被割裂。伴随着农村生产生活方式的转变，传统和谐共处的聚落理念日益弱化，精工细作的建筑装饰无处可寻，千村一面的新村镇建设盲目追求"豪华"，失去了古朴纯净的乡村气息。加强文化自信，途径之一就是提振原住民对本地文化的认同感、归属感、参与感，以"活态"方式延续和传承传统村落建筑文化，只有这样才能真正铸就美丽乡村建设的"人文美""生态美""和谐美"。

四、非物质文化遗产的创新传承研究

文化遗产是中华优秀传统文化的重要载体，承载着中华民族的基因和血脉。文化遗产的保护与传承，关乎国家文化安全与永续发展。党的十八大以来，习近平总书记高度重视文化遗产保护工作，发表了一系列重要讲话，作出一系列重要指示批示，为新时代新征程上的文化遗产保护提供了根本遵循。党的二十大报告指出，要"加大文物和文化遗产保护力度，加强城乡建设中历史文化保护传承"。

传统村落作为物质文化遗产与非物质文化遗产的综合体，是非物质文化遗产的重要孕育土壤。非物质文化遗产植根于乡村，属于农业文化遗产和农耕文明的历史积淀，拥有牢固的社会基础，其传承与发展必然成为乡村振兴战略的重要内容。传统村落中的"非遗"，是全球化背景下保护文化多样性的实践对象，是传统与现代、技艺与精神、形式与内涵深度融合的活态遗产。一代代先民在社会实践中所创造的"文化盛宴"，不

仅承载着民族文化的基因，更以独特的美学语言传递着人们对自然、生命和社会的认知与理解，展现出浓厚的审美趣味与精神特质。

晋东南地区的重要文化符号——"上党八音会"的历史可追溯至两千多年前。2006年，经国务院批准"上党八音会"列入第一批国家级非物质文化遗产名录。它演出时主要使用八种乐器，其音乐融合宫廷音乐、戏曲音乐与民间小调，有着高亢激越、热烈奔放的艺术风格，充分体现了上党地区独特的人文气质。"上党八音会"声情并茂、歌戏互补，雅俗共赏，带给观众听觉与视觉的双重享受，是当地节庆庙会、婚丧嫁娶等场合不可或缺的文化仪式。

从古至今，"八音会"潜移默化地影响着人们的思想、情感与认知，早已成为晋东南人民精神生活的重要组成部分，它不仅能展现乡民的性格特征，也承载着人们对理想与心灵寄托的追求。在全球化语境下，随着数字音乐、短视频等现代媒介的兴起，地方艺术面临技艺断层、受众老龄化等严峻挑战。那么问题来了：如何以音乐为媒介，连接历史记忆与当代生活，守护这份珍贵遗产？我以为，唯有用好文化之笔，走好旅游之路，奏响时代之音——在演奏中兼容音乐精华，在创新中坚守本体特色，在体验中彰显文化魅力，秉承"千变万变不得变味"的演奏原则。只有这样，才能传承好晋东南地区的文化血脉，彰显本土文化的独特魅力。

再来说说舌尖上的"非遗"传承——山西面食。独特的地理环境塑造了山西独具特色的饮食文化。山西素有"面食之乡"

的美誉。神农尝百草、后稷教稼穑、尧制石饼等传说流传已久，这反映出山西深厚的农耕文化底蕴。山西面食品种繁多、形态各异。从宋代墓葬壁画可知，当时已有较为精细的面食制作技艺；元代出现用于制作面条的新工具"河漏床"；明清时期，筋道、柔韧的山西面条广受赞誉，各类节庆仪式中亦常见精美的面塑作品。

时至今日，晋北、晋西北地区仍保留着丰富多样的面食习俗：满月、生日吃黍面油糕，寓意"高兴、节节高"；寒食节、中元节、春节等节庆则制作造型各异的面塑，如"枣糕""项圈""鱼馍馍""龙凤花馍""寿桃"等，象征吉祥喜庆。山西面塑历史悠久，虽确切起源难以考证，但从祭祀活动中的纹样分析可知，其起源可能与图腾崇拜、牲畜祭祀有关。随着社会发展，面塑逐渐融入民众生活的方方面面，成为民俗文化的重要载体。先民用灵巧的双手赋予面塑以"情感"与"美感"，我们要做的事是将凝结着先民创造力、审美力与情感价值的面塑从"人与神灵沟通的媒介"转化为乡村旅游的核心吸引物之一。

产生于晋南地区的威风锣鼓，是山西根祖文化区的重要民俗形式，也是首批入选国家级非物质文化遗产名录的民间鼓舞项目，被誉为"天下第一鼓"。其音乐浑厚嘹亮、气势雄壮，舞姿豪放，展现出一种慷慨激昂、催人奋进的精神力量。相传其起源于唐代战事指挥，后成为节庆活动中常见的表演形式。每逢新春佳节或重大庆典，晋南街头巷尾皆可见威风锣鼓的磅礴阵容，这也吸引了全国各地锣鼓队前来竞技交流。鼓是精神的象征，舞是力量的表现，鼓舞结合生动展现了民族精神的力量。威风锣鼓是勤劳勇敢、爱好和平、自强不息的晋南人民对生命与祖国的深情礼赞。

伞头秧歌诞生于晋西北以碛口为中心的传统村落之中，其起源于古代祭祀礼仪，与劳动人民的生活息息相关。其在长期发展中不断吸收本地及外来艺术元素，逐步完善演唱形式与表演风格，是深受百姓喜爱的民俗活动。伞头秧歌演出时仪式隆重，以"打道神"为首，号灯、执事、乐队、伞盖、歌手依次排列。

临县道情是一种集曲调、唱词、器乐、表演、美术于一体的综合民间艺术，常在节庆或劳作闲暇之时由乡民自发组织演出。碛口地区的婚嫁、丧葬等传统习俗亦体现出浓郁的地方色彩，折射出特定历史时期的社会风貌与人文精神。

此外，山西众多的民俗故事与传统技艺同样是非遗文化的重要组成部分，如李家山古村流传的"麒麟传说"。据《李氏族谱》记载，清雍正元年，一户人家的母牛产下怪胎——鹿身狮尾、牛蹄龙角——被人们视为不祥之兆。此时，主人的妻子正在生产，主人顾不上妻子，转而和村民一起将那怪胎打死。等他回了家才发现妻子生的儿子已经断气。当晚，黄河暴涨，冲出数百亩良田。事后，老人们感叹："这是一日进三宝啊！——牛生麒麟、麒麟送子、黄河淤滩。实为吉兆。"这则传说通过离奇情节勾勒出碛口村民的生活场景。牛作为农耕社会最重要的生产资料，象征神圣；麒麟送子寓意家族昌盛，却因人们的无知而被毁；黄河泛滥则呼应"天人合一"的传统观念——麒麟以德报怨，冲出良田，这也体现了儒家的道德观。

非遗的动态美还体现在特定仪式之中。晋北民歌、太原锣鼓、晋南唢呐等各具风韵，展现出三晋大地人民淳朴坚韧的性格特点与豪迈深沉的精神气质。千年时光流转，非遗技艺中凝结着世代匠人的匠心与守望。山西民歌既有《走西口》的苍凉悲怆，也有《桃花红杏花白》的婉转柔情，其声腔中交融着黄土高原的厚重与太行山水的灵秀。晋剧唱腔高亢激越，水袖翻飞间演绎忠孝节义；孝义皮影以光影为笔，勾勒世态炎凉；平遥推光漆器流光溢彩，镌刻岁月印记。这些非遗瑰宝扎根民间，生命力旺盛，皆以最质朴的形式承载着人们对生活的热爱与期盼。

技艺背后，是对文化的坚守。侯马青铜铸造的火光里跃动的是古晋文化的魂魄，老陈醋酿造中沉淀下的是岁月发酵的智慧。它们既具表层的热烈绚烂，更有深层的文化根脉，以艺术为媒，诉说着黄河儿女的悲欢离合，见证着三晋大地的沧桑变迁，最终凝聚成一种雄浑而温润的东方美学品格。

在创造性转化的浪潮中，山西非遗焕发新生：侯马青铜纹样化作现代服饰图案，广灵剪纸展示引入光影装置，平遥推光漆与数字雕刻技术碰撞出时空对话。非遗传承人以"活态传承"为笔，重绘传统边界——晋剧与电子乐交织演绎新编《关公战秦琼》，孝义皮影借全息投影技术实现《西游记》星际穿越。这些创新实践既保留了黄土文化的筋骨，又注入了时代的精神，让非遗从博物馆走向街头巷尾，从历史回响变为未来

交响。

　　总之，山西非遗的创造性转化，本质上是对文化基因的再编码。它在传统技艺中植入现代审美，在古老叙事中书写当代传奇，最终让黄土大地的文化记忆化作照亮世界的东方星辰。

第六章　山西传统村落文化资源的育人思想路径

　　传统村落是一个在人文、地理、民俗等方面蕴含多重价值的有机整体，更是中华优秀传统文化的重要载体。

　　传统村落文化资源犹如一面青铜古镜，在岁月的包浆中映照出人类文明进程中逐渐模糊的精神图景。站在黄土高原的褶皱处凝望，那一座座古村绝非尘封的记忆，而是镌刻着中华文明符号的文化图谱。

　　从文化解码到价值重构，从传统传承到现代对话，山西传统村落正通过古今多维空间的创造性转换而成为一个没有围墙的育人场域。当非遗传承人成为特聘导师，当古建构件转化为教学用具，立德树人的过程便成为文明基因的活化实践。我们要以守护文化根脉为基石，以培育完善人格为旨归，在传统与现代的碰撞交融中，锻造出兼具文化自觉与创新精神的新时代人才。

一、深挖文化因子，涵育良好家风家教

　　传统村落作为社会意义上"活"的遗产，既是"历史文化遗产地"又是"乡村生产生活承载地"，在家庭网络结构的维持

与发展以及现代化转变中发挥着重要作用。家庭作为最基本的社会单位，是国家昌盛和社会进步的重要基石，它也是每个人的第一所学校。家风家规文化是传统村落的灵魂所在，是族群生存、生产、发展的精神源泉。当下，许多传统村落开始修缮或复建祠堂、续修族谱，一些村落在祠堂基础上建立了家风文化馆。从广义角度来看，这些现象都属于传统村落家风文化建设的重要内容。通过家风文化的建设，让每一位村民都能找到自己在历史、国家、家族中的位置，不忘初心、牢记使命；让每一处传统村落都能重新焕发生命活力，展现勃勃生机。

新时代背景下，推动传统村落文化资源融入家庭教育和家风建设，有助于实现优秀传统文化在育人方面的时代价值，也有助于良好社会风尚的形成。传统家训家风所提倡的"修身齐家治国平天下""仁义礼智信"等，既是家庭乃至民族生生不息的精神动力，也与社会主义核心价值观的内涵一脉相承。因此，不论时代如何变化，生活格局如何变迁，我们都应重视家庭建设，注重家教与家风。

我们应当辩证地看待优秀传统家风家训的时代价值，并在此基础上推动其创新传承。在传统家风家训的传承对象、内外环境以及运行机制都发生根本性变化的背景下，要在多元化社会思潮中实现其活化传承，就必须坚持以社会主义核心价值观为引领，结合时代发展深入挖掘其现实意义，将其转化为推进实现中国式现代化的精神力量。

首先，要以修德齐家之风引领新时代家庭教育。无论是在传统社会还是在现代社会，家庭作为社会的基本细胞，既是以伦理为基础的空间存在，也是以精神为核心的实体存在。从伦理向精神实体升华的关键就在于优秀传统家风家训的延续与转化。这些家风家训承载着时代的印记，内容丰富、特征鲜明、指向明确，在价值目标和核心内涵上高度契合"正家而天下定"的理念。家庭教育是人生发展的第一站，亲情关系最为亲密，言行影响最为深远。以德立身、以德处世是传统家庭教育的核心内容。尽管随着工业化、城市化进程的持续推进，传统意义上的"大家族"已难觅踪迹，家庭成员数量减少，堂表亲关系疏远；但家庭核心成员之间的情感认同与血缘认同依然牢固，家庭仍是人生教化的"第一场所"。党的十八大以来，习近平总书记围绕家庭、家教、家风发表了一系列重要论述。2021年，国家相关部门联合发布《关于进一步加强家庭家教家风建设的实施意见》，从总体要求、学习宣传等方面提出指导意见，致力于构建家庭家教家风建设合力，弘扬中华传统美德，确立了以社会主义核心价值观为引导的现代家庭教育理念。

其次，要以睦邻互助之道激活家训治理功能。传统家庭深受儒家"天人合一"思想的影响，遵循天人相合相生的人生理念。这里的"天"至少包含三重含义：自然之天、主宰之天与道德之天。道德之天对家庭内部而言即"立志修德"，对外部邻里而言则是"睦邻行善"。古人云："救灾恤邻，道也。"重视邻里关系是中华民族的传统美德。所谓"远亲不如近邻"，邻里关系是家族关系的延伸。与邻里友善相处，根植于传统农耕社会相对稳定的生活场域，有利于家族的延续发展，

也有助于社会稳定。现代社会节奏加快，带来诸多复杂问题。良好的家风家教有助于破解基层治理难题、提升治理效能。在新的历史条件下，基层治理是国家治理体系和治理能力现代化的重要基石，家庭是社会发展的"稳定器"、民族振兴的"助推器"。激活优秀家风家训，夯实公序良俗的思想根基，有助于规范人们的行为，优化社会的风气，完善基层治理体系，促进和谐社会建设。

再次，要以重义轻利之法涵养家国一体理念。中华文明以道德伦理为核心价值，以"家国同构"为政治基础，以"修齐治平"为理想追求，千百年来孕育出辉煌灿烂的文化，激励着一代代的中华儿女。传统中国社会的主流思想是儒家思想，儒家强调"重义轻利""修仁行义"，在这种价值取向下，培养出大量舍生取义、救国救民的仁人志士，他们是中华民族生生不息的精神动力。儒家义利观反映在家风家训中，体现为"忠孝一体"的训诫。"求忠臣必于孝子之门"。在传统价值体系中，社会关系是家庭关系的延伸，孝亲、忠君、爱国本质上是一致的。对于普通民众而言，家国情怀紧密相连，"苟利社稷，死生以之"。从文明传承的角度来看，优秀家风家训与爱国主义教育一脉相承。当代青年肩负民族复兴使命，应传承"忠厚传家久，读书继世长"的家训，自觉将"小我"融入"大我"，承接家国融合的文化基因，增强民族认同感、归属感与荣誉感，领悟家风家训之本，探索古今融通之法，践行爱国报国之志。

最后，要以兼爱济世之观厚植天下大同情怀。中华文明的伦理架构是以家观国、由家及天下。从"家天下"到"公天下"，从殷实家族走向大同社会，这是先民们对社会秩序的美好愿景。"大同"是儒学士人的理想抱负，体现为天人之和、万邦协和，这种包容的世界观深刻影响着中国人的价值取向和民族性格。在传统文化视野中，"天下"不仅是地理概念，更是家国情怀的感性延伸。从某种意义上讲，"天下"就是"家"的扩展。内和而求外顺，"天地与我并生，万物与我为一"，这正是中华文明的独特标识。在仁学思想指导下，秉持"万物一体""天人合一"的理念，以兼爱胸怀追求天下大同。

综上所述，优秀传统家风家训内容丰富、底蕴深厚，具有鲜明的时代特色。它不仅具有修身齐家的功能，也蕴含济世安民的深意。作为中华文明的重要组成部分，家风家训在道德教化、文化传承、人格塑造、秩序建构等方面曾发挥过重要作用。进入新时代，面对百年未有之大变局，更应以优良家风营造良好家风社风，深入挖掘传统家训的文化价值，厚植家国情怀，增强民族凝聚力与向心力，从而助力民族伟大复兴。

二、推进话语创新，充盈学校思政工作

山西传统村落文化内涵丰富、资源多样，在推动学校思想政治教育守正创新、促进中华优秀传统文化传承发展方面具有重要意义。

发掘传统村落文化资源以助力学校思想政治教育，需要从

显性和隐性双重维度系统推进。显性契入路径强调以思想教育、政治教育、道德教育为框架，将传统村落中蕴含的"家国同构"伦理观念、"修齐治平"价值追求等传统文化精髓转化为思政教育内容；隐性契入路径则侧重汲取传统村落"耕读传家"的教化智慧、"乡约民规"的治理经验，通过提升教师文化素养以及创新情境教学等方式改进育人方法。要实现这两个维度的有机统一，需构建系统化的实施路径。

首先，要加强顶层设计，建立教育部门、文化部门和基层职能部门协同育人的机制，为资源转化提供制度保障。由政府主导制定出台一系列政策文件，以确保高校和相关文化资源部门能够在思政教育资源的整合和日常教学中的协同育人方面进行有效合作。通过这样的政策支持和制度保障，可以为构建协同育人的体系打下坚实的基础。学校思政教育需把握好、运用好网络这一重要渠道，激活传统村落文化资源，加强科技赋能，提升大学生对传统村落文化的认同感，引导学生转变角色，鼓励学生由信息"接收者"转变为信息"传播者"。

其次，要推进课程创新，将古建筑中的礼制文化、民俗活动中的德育元素深度融入思政课程体系。传统村落文化融入学校思想政治教育工作，是根魂融通、体用贯通的过程，是从"传统"发掘"现代"的过程。在全球化语境下，这一过程可以避免文化自卑、文化焦虑、文化空心化等诸多问题。党的二十大报告指出："中华优秀传统文化源远流长、博大精深，是中华文明的智慧结晶。"中华优秀传统文化是思想创新的根基，是文化自信的源泉，也是思想政治教育的宝库。思政课程和课程思政要求立足青年成长，深入挖掘中华优秀传统文化的文化基因，以大视野、大情怀寻求中华优秀传统文化与思政融合的有效切入点。特别是要挖掘整理区域文化资源，用珍贵的历史文物丰富思政实践课程。习近平总书记指出："要充分挖掘和利用，以丰富多彩的历史文化、红色资源为山西发展提供精神力量。"以碛口古镇为中心的周边村落，质朴厚重的遗迹、遗址、文物等都是古镇历史的见证者、参与者。我们可以通过讲述院落的变迁，增强学生对"两河文化""晋商文化""红色文化"的情感认同，培养学生的家国情怀，树立他们的文化自信心。

更进一步讲，优化课程思政资源建设需立足职业院校专业特色，构建"多维联动"的课程开发模式。在横向维度上，我们可以依据"历史文脉—空间肌理—人文生态"的知识图谱，系统梳理碛口古镇的课程思政元素。例如，历史旅游专业可聚焦"晋商驼道"商贸历史与"红色交通站"革命文化，凝练诚信经营、家国情怀等思政价值；文化传播专业可依托"黄河号子"非遗技艺与"九曲黄河阵"民俗活动，诠释劳动智慧与集体精神；建筑艺术专业可通过分析"明柱厦檐"四合院的空间礼序与"三雕五镂"的装饰符号，解码传统营造技艺中"天人合一"的生态伦理思想。在纵向维度上，应形成"专业认知—价值认同—实践领悟"的递进式育人链条。初级阶段通过古镇建筑测绘、口述史采集夯实文化认知；中级阶段结合文旅策划、文创设计等实践课程，引导学生将"石板街巷"的空间叙事转化为文化传播载体；最后可展开古民居活化利用课题，培育文化遗产守护者的责任担当。在方法维度上，需建立"双线融合"的教学体系：线上开发虚拟仿真课程，利用三维建模技术复原古镇鼎盛时期商贸场景；线下构建"校地协同"的实践平台，联合文旅部门开展传统村落保护调研，使课程思政从课堂延伸到文化遗产保护现场。通过三维课程架构，最终形成"知识传授锚定文化坐标、价值引领彰显育人深度、实践创新激活传统基因"的课程思政建设新范式，让学生更好地了解碛口古镇所承载的厚重文化价值，激发学生参与问题研讨、交流互动、人物访谈、情景体验等活动，调动学生参与课堂教学的主动性、积极性，从而帮助学生在道德内化、民族认同、信仰实践等方面成长进步。

最后，要依托区域特色，构建大中小学贯通的实践教育基地，使学生在传统村落场域中实现文化认知与价值认同的螺旋上升，最终形成"内容重构—方法创新—场域融合"的立体化育人格局。传统村落周边环境的"无声"影响，"能慢慢推动学生思想情感产生内生性的认同，调动起学生学习思政课的主观能动性"。[1]从皇城村的家风传承工作坊，到平遥梁村的金属錾刻创客空间，没有围墙的思政课堂正在山西传统村落中展开。这种教育生态的独特价值在于，它通过文化解码、实践转化、价值重构的互促互动，将青砖灰瓦的物理空间转化为精神成长的能量场域。当学生在明代排水系统中验证流体力学公式，在晋商票号遗址里演练商业伦理沙盘，文化遗产便不再是

1　高婧：《新时代职业院校思政课获得感提升的方法研究》，《山西能源学院学报》2024 年第 5 期。

静态的展品，而成为激活文化基因、培育核心素养的时空枢纽。这种扎根大地的教育创新，最终指向的是让文明传承与人格塑造在实践中共振，使每个年轻生命都能在历史长河中找准自己的精神坐标。立足本土丰富的历史文化资源，充分挖掘传统村落建筑、风俗、遗迹的文化元素和历史价值，积极探索"思政小课堂"与"社会大课堂"的链接渠道，运用历史文化红色资源开展实践教学，让学生有信仰、有梦想、有担当。2024年2月，习近平总书记在考察平津战役纪念馆时指出："对中国革命战争史要学而时习之，珍惜来之不易的红色江山，发扬革命传统，增强斗争精神，勇于战胜前进道路上的各种艰难险阻。"三晋众多传统村落既是商贸重镇，也是革命摇篮。身为三晋儿女，要用心用情保护好、传承好这里的红色资源。紧贴区域产业结构转型发展，用文化传承创新赋能高质量发展。加强顶层设计，拓展校地合作空间，依托红色文旅产业，运用数字创新技术，打造思政研学基地。结合不同年龄段青少年的认知特点，通过红色电影、红色动漫阐释革命前辈的牺牲精神、奋斗精神，引领青少年树立崇高理想。

总而言之，那些深嵌在吕梁山脉与汾河谷地间的文化地标，始终以开放的姿态演绎着关于守正与创新的辩证法，在黄土地上续写着中华文明永续发展的当代注脚。要发挥传统文化"润心启智"的关键作用，就要深入挖掘传统村落深厚的文化资源，构建"村落文化+思政"的"大思政课"模式，推动本土资源与"区域思政"的良性互动，提升传统村落文化现代性话语转化的思想自觉，着力把传统文化资源转化为育人资源。

三、熔铸各方力量，引领社会文明建设

传统村落是农耕文明不可再生的文化遗产，是维系中华儿女文化认同、繁荣发展民族文化的根基。改革开放以来，社会经济转型给城乡生产生活带来巨大冲击，农村人口向城市流动的结构性差异促使传统村落普遍陷入了"空心化""老龄化"和"空巢化"的困境。面对传统村落的衰落，人们开始重新探寻一种适度舒适的、可持续的、人性化的、具有情感与质感的乡村生存方式，这是中华儿女对传统文化精神与五千年文明的自省与记忆，这也是重塑中国传统村落文化生态的关键所在。

要创新话语转换，重塑传统村落文化的生命家园。传统村落是中华文明的基因库，承载着各个历史时期村民的生活方式。其"本土文化"是中国乡土社会的珍贵遗产，蕴含着独特的风土人情和地域文化。在推动文化资源转化的过程中，需要以社会教育为纽带，将祖训、乡情等传统元素与当代精神文明建设相结合，从中寻找人与自然和谐共生的理念，通过教育宣传、文化载体活化、集体记忆唤醒等途径，增强文化认同，以沉浸式感受让参与者在实践中深刻理解传统村落文化的精神内涵，引导参与者在实践中践行传统村落文化要义，从而为基层治理和社会发展探索新的路径。

要整合多方资源，挖掘不同类型文化内涵。传统村落不仅是中华农耕文明的宝贵遗产，更是弘扬红色文化、红色精神的主要载体，对赓续红色基因具有重要意义。如碛口古镇，这里不仅拥有厚重的黄河根祖文化、德孝文化、晋商文化，而且烙印着鲜活生动的红色文化。这些丰富的文化资源吸引了大量的学生、游客和文物修复专家前来参观和交流，这为开展各种研学活动提供了良好的条件，也为传承和弘扬古村优秀文化提供了机会。我们可以利用传统村落文化遗产开设形式多样的理想教育、道德教育活动，打造传统文化多元传播平台，设计地域文化旅游区，推进传统村落文化与旅游融合发展，并鼓励社会各界加强对传统村落文化内涵和历史人文价值的发掘和研究。只有依托古村环境资源和文化资源的优势，挖掘地区的民间技艺，同旅游周边产业相结合，打造具有特色的周边文创产品，在传承的基础上打造属于当地区域民俗特色、文化特色的"文化符号"，才能更好地促进美丽乡村建设。

要强化数字赋能，建构传统村落多维话语体系。传统村落是农耕文明和中华传统文化的根脉，是乡村振兴的发动机，是开展劳动教育、审美教育的生动教材，更是中国文明多样性文化符号的有机构成。绵延数千年的中华文明之所以能够赓续发展，其中一个重要基石是丰富、厚重的传统村落文化的代代相承。对现存的、较为完整的传统村落的保护，就是在保护传统文化的根脉，就是在精神层面上支持乡村振兴。讲好传统村落历史文化故事，重点是讲深讲透讲活蕴含在传统村落文化背后的价值意蕴。传统村落历史文化故事的传播涉及考古学、历史学、文化产业学、旅游学、生态建筑学等多学科，我们亟须通过数字化手段活化文化记忆，整合交叉学科的成果，构建传统村落多维立体的故事话语。近些年，在传统村落文化创新融合

发展方面，涌现出许多典型案例。以威风锣鼓为例。威风锣鼓以"威风"而扬名天下，其表演无不突出"威风"二字——惊天动地之声、翻江倒海之势，给人以强烈听觉冲击。据报道，随着直播和短视频的兴起，威风锣鼓的舞台开始从线下扩展到线上。数据显示，2023年，仅在抖音平台上就有超过九千场以"威风锣鼓"为主题的直播，累计观看人次达一千八百多万。2024年7月，临汾地区举办了为期六天的"临汾锣鼓直播PK大赛"，将"直播PK"与锣鼓非遗相结合，累计吸引一千三百多万人次观看，让晋南威风锣鼓这一国家级非物质文化遗产焕发出新活力——数字赋能为传统村落旅游文化景观的传播提供了新的时空机遇。这启示我们：可借助传统媒介、社交媒体、网络游戏等，搭建跨媒体叙事体系，以现代科技盘活传统村落文化记忆——以数字化表达生成传统文化的符号和意义，就能以生动直观的方式更好地留住传统村落的"根脉"。此外，还需整合生态学、建筑学、旅游学等多学科成果，深挖传统村落背后的价值意蕴，例如"天人合一"的生存哲学、"耕读传家"的道德精华，只有这样才能更好地将其转化为滋养青年精神成长的鲜活源泉，最终实现传统文化与现代教育的有机融合。

　　传统村落的青砖黛瓦凝结着中华文明的智慧，其文化资源通过浸润式育人模式，为破解现代教育困境提供了系统性解决方案。传统村落既是人、建筑、社会以及自然环境的整体布局和综合构成，更是村民价值观念、审美情趣、思维方式等文化精神动态演变和历史传承的承载体。从"天人合一"的生态观到"以和为贵"的处世之道，这些道德精华既是民族精神底色，也是个人价值提升的内在动力。那些镌刻在村间小巷里的岁月痕迹，那些萦绕在民众心间的乡愁记忆，讲述着我们从何而生、为何而来，记载着农耕文明的传承密码，蕴藏着人居相依的生存法则。天人合一、耕读传家、亲仁善邻、恭敬辞让、以和为贵等道德精华是先民的生存哲学、处世智慧，有着鲜明的民族特色和永不褪色的时代价值。我们唯有熔铸各方力量，活化利用传统村落文化资源，构建多元化教育生态，打造鲜活育人课堂，才能使乡土文化记忆超越"陈列品"属性，进而推动优秀传统文化思想实现创造性转化和创新性发展。

总之，当传统村落的物质与精神文化遗存转化为育人要素，乡土文化记忆便不再是陈列品、展览物，而成为滋养当代青年精神成长的鲜活资源。这种转化不仅守护了文化根脉，让人在文化传承中寻找到生命的完整性与可能性，也为人的全面发展提供了思想指引。

主要参考文献

[1]沈思孝.晋录[M].北京：中华书局，1985.

[2]王轩，杨笃纂修.山西通志·清光绪版[M]太原：三晋出版社，2015.

[3]王铭，孙元巩，仝立功编著.山西山河志[M].太原：山西科学技术出版社，1994.

[4]费孝通.乡土中国[M].北京：北京大学出版社，2012.

[5]冯骥才主编.中国传统村落立档调查田野手册[M].北京：文化艺术出版社，2014.

[6]冯骥才主编.中国传统村落立档调查范本[M].北京：文化艺术出版社，2014.

[7]李仙娥.黄河流域古村落生态发展模式与政策评价研究——以晋陕为例[M].西安：陕西人民出版社，2016.

[8]刘毓庆.上党神农氏传说与华夏文明起源[M].北京：人民出版社，2008.

[9]彭兆荣.重建中国乡土景观[M].北京：中国社会科学出版

社，2018.

[10]赵静蓉.文化记忆与身份认同[M].北京：生活·读书·新知三联书店，2015.

[11]薛林平，王潇，黎源等.石淙头古村[M].北京：中国建筑工业出版社，2014.

[12]王金平，于丽萍，王建华等.良户古村[M].北京：中国建筑工业出版社，2013.

[13]薛林平，高林，朱芷莹等.郭峪古村[M].北京：中国建筑工业出版社，2018.

[14]刘捷，徐彤，李超等.悬空古村[M].北京：中国建筑工业出版社，2011.

[15]薛林平，陈璐，王怡博等.李家山古村[M].北京：中国建筑工业出版社，2013.

[16]薛林平，李成，马小莉等.西湾古村[M].北京：中国建筑工业出版社，2012.

[17]薛林平，王鑫，戴祥等.丁村古村[M].北京：中国建筑工业出版社，2020.

[18]薛林平，郭华瞻，李加丽.张壁古堡[M].北京：中国建筑工业出版社，2018.

[19]薛林平，刘烨，王鑫等.上庄古村[M].北京：中国建筑

工业出版社，2009.

[20]薛林平，杨光，张稣源等.湘峪古村[M].北京：中国建筑工业出版社，2014.

[21]薛林平，包涵，李博君等.西文兴古村[M].北京：中国建筑工业出版社，2016.

[22]薛林平，陈海霞，高蕊馨等.官沟古村[M].北京：中国建筑工业出版社，2011.

[23]薛林平，李志新，归小杨等.小河古村[M].北京：中国建筑工业出版社，2009.

[24]薛林平，任丛丛，毕毅等.窦庄古村[M].北京：中国建筑工业出版社，2009.

[25]薛林平，郑旭，翟宇翔等.冷泉古村[M].北京：中国建筑工业出版社，2016.

[26]周亚林.文化自信视域下晋南黄河根祖文化传承研究[D].山西师范大学，2021.

[27]张金叶.晋东南传统村落文化传承研究[D].青海大学，2020.

[28]崔新建.文化认同及其根源[J].北京师范大学学报（社会科学版），2004（04）.

[29]刘振怡.文化记忆与文化认同的微观研究[J]学术交流，

2017（10）.

[30]袁渊.论文化遗产的育人价值[J]教育研究与实验，2020（05）.

[31]宋才发.传统文化是乡村振兴的根脉和基石[J]青海民族研究，2020（04）.

后 记

走进一座古村，品味岁月沧桑，感受千年韵味——一砖一瓦镌刻时光印记，一草一木赓续文脉绵延。孩提时代，第一次走进碛口古镇，我就被深深地吸引，听着长辈讲述东财主、西财主的故事，触摸着形态各异的小狮子。我不禁思绪万千……从求学到工作，我始终热爱传统文化，怀揣为生我、养我的这方热土勾勒一幅"画卷"的梦想。经过多年努力，编撰完成本书。希望通过本书让世人对山西传统村落文化资源的育人价值有一个初步的认识，也期望抛砖引玉，能与有关方面和社会各界就此进行深入探讨和交流。

本书是在《当代视域下的马克思剩余价值学说与人的全面发展》（2015年）及"职业本科学生党建与思想政治教育融合模式研究"课题（2022年）基础上的再深入，也是对"传统村落文化资源的育人价值研究——以碛口古镇为例"课题（2024年）的一个拓展。

值此书付梓之际，对课题组同仁的无私帮助，对北岳文艺出版社谢放编辑的辛勤工作，一并表示诚挚的谢意。

由于编纂时间短、任务重，书中欠妥之处，敬请广大读者见谅且不吝赐教。

高婧

2025年2月